LA ESPIRITUALIDAD
MAPUCHE

LA ESPIRITUALIDAD MAPUCHE

Prabhuji

La espiritualidad mapuche
por Prabhuji

Copyright © 2026
Primera edición

Impreso en Round Top, Nueva York, Estados Unidos

Derechos Reservados. Queda prohibida la reproducción total o parcial de esta publicación, por cualquier medio o procedimiento, sin para ello contar con la autorización previa, expresa y por escrito del editor.

Publicado por Prabhuji Mission
Sitio: prabhuji.net
Avadhutashram
PO Box 900
Cairo, NY, 12413
USA

Pintura en la tapa por Prabhuji:
"La espiritualidad mapuche"
Técnica mixta sobre madera, 2024, Nueva York, EE. UU.
Tamaño: 30"x40"

Library of Congress Control Number: 2025926317
ISBN-13: 978-1-945894-95-4

Índice

Prefacio 1

Capítulo 1: Introducción a la cosmovisión mapuche 7
Capítulo 2: La naturaleza sagrada en la cultura mapuche 21
Capítulo 3: La función de la *machi* en el chamanismo mapuche .. 35
Capítulo 4: Ritos fundamentales de la espiritualidad mapuche .. 47
Capítulo 5: Prácticas chamánicas y sanación espiritual 57
Capítulo 6: La conexión con el más allá en la
 espiritualidad mapuche 69
Capítulo 7: Desafíos contemporáneos de la
 espiritualidad mapuche 81
Capítulo 8: Reflexiones finales sobre la espiritualidad
 y el chamanismo mapuche 97

Apéndices

Sobre Prabhuji 111
El término *prabhuji* por Swami Ramananda 131
El término *avadhūta* 135
Sobre la Misión Prabhuji 151
Sobre el Avadhutashram 155
El Sendero Retroprogresivo 157
Prabhuji hoy 159
Libros por Prabhuji 164

ॐ अज्ञानतिमिरान्धस्य ज्ञानाञ्जनशलाकया ।
चक्षुरुन्मीलितं येन तस्मै श्रीगुरवे नमः ॥

oṁ ajñāna-timirāndhasya
jñānāñjana-śalākayā
cakṣur unmīlitaṁ yena
tasmai śrī-gurave namaḥ

Reverencias a ese santo Gurú que, aplicando el ungüento [medicina] del conocimiento [espiritual], elimina la oscuridad de la ignorancia de los cegados [no iluminados] y les abre los ojos.

Este libro está dedicado, con profundo agradecimiento y eterno respeto, a los santos pies de loto de mis amados maestros Su Divina Gracia Bhakti-kavi Atulānanda Ācārya Mahārāja (Gurudeva) y Su Divina Gracia Avadhūta Śrī Brahmānanda Bābājī Mahārāja (Guru Mahārāja).

Prefacio

La historia de mi vida es una odisea desde lo que creía ser, hasta lo que realmente soy... un peregrinaje, tanto interior como exterior. Una travesía desde lo personal a lo universal, desde lo parcial a lo total, desde lo ilusorio a lo real, desde lo aparente a lo verdadero. Un vuelo errante desde lo humano a lo divino.

Todo lo que al alba despierta, en el ocaso descansa; toda llama encendida, al fin se extingue. Solo lo que empieza, termina; solo lo que principia, finaliza. Pero lo que habita en el presente no nace ni muere, porque lo que carece de comienzo no perece jamás.

Como simple autobiográfico y relator de vivencias significativas, comparto mi historia íntima con los demás. Mi historia no es pública, sino profundamente privada e íntima. No pertenece al alboroto de la vida social, sino que es un suspiro guardado en lo más recóndito del alma.

Soy discípulo de veedores, seres iluminados, sombras del universo que son nadie y caminan en la muerte. Soy solo un capricho o quizás una broma del cielo y el único error de mis amados maestros espirituales. Fui iniciado en mi infancia espiritual por la luz de la luna, que me enseñó su luz y me compartió su ser. Mi musa era una gaviota que amaba volar más que cualquier otra cosa en la vida.

Enamorado de lo imposible, atravesé el universo obsesionado por el brillo de una estrella. Recorrí innumerables senderos, siguiendo las huellas y los vestigios de aquellos con la visión para descifrar lo oculto. Cual océano que anhela el agua, busqué mi hogar dentro de mi propia casa.

No pretendo ser guía, coach, profesor, instructor, educador, psicólogo, iluminador, pedagogo, evangelista, rabino, *posék halajá*, sanador, terapeuta, satsanguista, psíquico, líder, médium, salvador, gurú o autoridad de ninguna clase, ya sea espiritual o material. Me permito la osadía y el atrevimiento de no representar a nada ni a nadie más que a mí mismo. Soy solo un caminante a quien puedes preguntarle sobre la dirección que buscas. Con gusto te señalo un lugar donde todo se calma al llegar... más allá del sol y las estrellas, de tus deseos y anhelos, del tiempo y el espacio, de los conceptos y conclusiones y más allá de todo lo que crees ser o imaginas que serás.

Pinto suspiros, esperanzas, silencios, aspiraciones y melancolías... paisajes interiores y atardeceres del alma. Soy pintor de lo indescriptible, lo inexpresable, lo indefinible e inconfesable de nuestras profundidades... O quizás solo escribo colores y pinto palabras. Consciente del abismo que separa la revelación y las obras, vivo en un intento frustrado de expresar con fidelidad el misterio del espíritu.

Desde la infancia, ventanitas de papel cautivaron mi atención; a través de ellas recorrí lugares, conocí personas e hice amistades. Aquellas mándalas diminutas han sido mi verdadera escuela primaria, mi escuela secundaria y mi universidad. Cual avezados maestros, esas *yantras* me han guiado a través de la contemplación, la atención, la concentración, la observación y la meditación.

Al igual que un médico estudia el organismo humano, o un abogado estudia leyes, he dedicado mi vida al estudio de mí mismo. Puedo decir con certeza que sé lo que reside y vive en este corazón.

Mi propósito no es persuadir a otros. No es mi intención convencer a nadie de nada. No ofrezco ninguna teología o filosofía, ni predico o enseño, sino que solo pienso en voz alta. El eco de estas palabras puede conducir a ese infinito espacio donde todo es paz, silencio, amor, existencia, consciencia y dicha absoluta.

No me busques a mí. Búscate a ti. No me necesitas a mí ni a nadie, porque lo único que realmente importa eres tú. Lo que anhelas yace en ti, como lo que eres, aquí y ahora.

No soy un mercader de información repetida, ni pretendo hacer negocios con mi espiritualidad. No enseño creencias ni filosofías. Solo hablo de lo que veo y únicamente comparto lo que sé.

Escapa de la fama, porque la verdadera gloria no se basa en la opinión pública, sino en lo que eres en realidad. Lo importante no es lo que otros piensen de ti, sino tu propia apreciación acerca de quién eres.

Elige la dicha en vez del éxito, la vida en lugar de la reputación, la sabiduría por encima de la información. Si tienes éxito, no conocerás solo la admiración, sino también los verdaderos celos. La envidia es el tributo de la mediocridad al talento y una aceptación abierta de inferioridad.

Te aconsejo volar libremente y nunca temer equivocarte. Aprende el arte de transformar tus errores en lecciones. Jamás culpes a otros de tus faltas: recuerda que asumir la completa responsabilidad de tu vida es un signo de madurez. Volando aprendes que lo importante no es tocar el cielo, sino poseer el valor para desplegar tus alas. Cuanto más alto te eleves, el mundo te parecerá más graciosamente pequeño e insignificante. Caminando, tarde o temprano comprenderás que toda búsqueda comienza y finaliza en ti.

Tu bienqueriente incondicional,

CAPÍTULO 1
INTRODUCCIÓN A LA COSMOVISIÓN MAPUCHE

Este libro nace de mi admiración y respeto por las tradiciones, la lengua y las formas de vida del pueblo mapuche. Desde mi juventud en Chile, me cautivó la abundancia de su herencia cultural y la hondura de su espiritualidad. En 1974, a los dieciséis años, viajé a la región de La Araucanía para comprender la vida y los valores que han sostenido a esta comunidad ancestral. Lo que comenzó como una exploración personal pronto se convirtió en una experiencia transformadora, una inmersión que afectó profundamente mi visión del mundo y dejó una huella indeleble en mi vida. Agradezco a la extraordinaria gente de Loncoche, Curacautín y Lumaco, que generosamente compartió sus conocimientos y me guió en un recorrido invaluable por la sabiduría mapuche.

Identidad e historia

La cosmovisión mapuche se fundamenta en una relación simbólica con el entorno natural, que configura sus valores, costumbres culturales y relaciones humanas. Es una fuente de sabiduría integral que regula tanto los aspectos cotidianos de la vida como sus ceremonias vitales. Para comprender a este pueblo, debemos adentrarnos en su historia. Han tenido que defender sus creencias y sus territorios frente a la colonización y la asimilación cultural. Han afrontado amenazas externas sin perder su sentido de pertenencia y su respeto por el medio ambiente. Esta perspectiva, anclada en siglos de tradición y resistencia, continúa modelando hoy la identidad mapuche.

Capítulo 1: Introducción a la cosmovisión mapuche

Los Mapuche se autodenominan «personas de la tierra» (de *mapu*, o 'tierra', y *che*, o 'persona'), un término que refleja su autopercepción como guardianes de la tierra. Este sentido de pertenencia se vincula con su origen ancestral en el sur de Sudamérica, en la zona que corresponde hoy al centro y sur de Chile y al suroeste de Argentina. Su relación con la tierra trasciende la dependencia material y se adentra en el ámbito de lo sagrado.

Los registros históricos y arqueológicos muestran que los Mapuche contaban con una estructura social desarrollada cuando los conquistadores españoles llegaron a su territorio en el siglo XVI. Como la mayoría de las culturas indígenas, nunca constituyeron una entidad estatal centralizada; en cambio, estaban organizados en unidades autónomas llamadas *lof*. Cada *lof* estaba dirigido por un *lonko*, líder encargado de gestionar tanto la cohesión política como la cultural de la comunidad. Esta organización descentralizada les permitió mantener una flexibilidad notable, factor clave para resistir la amenaza colonial. Los valores de cada *lof* promovían la convivencia armónica entre los seres humanos y el entorno natural, un principio que ha perdurado durante siglos como fundamento de su identidad colectiva.

Los primeros conflictos con los españoles comenzaron en 1541, bajo el liderazgo de Pedro de Valdivia. Esto marcó el inicio de un prolongado período de resistencia. Pese a las incursiones militares españolas y a las estrategias de asimilación cultural, los Mapuche consiguieron resistir y desarrollar tácticas eficaces para proteger su modo de vida. La prolongada Guerra de Arauco, que se extendió por más de tres siglos, da testimonio de ello. En 1641 se firmó un tratado de paz que reconoció la autonomía mapuche al sur del río Biobío, logro excepcional en la historia de la resistencia indígena al colonialismo.

Durante el siglo XIX, a medida que Chile y Argentina se consolidaban como naciones jóvenes, enfrentaron una nueva oleada de amenazas. Las campañas militares conocidas como la Pacificación de La Araucanía en Chile y la Conquista del Desierto en Argentina buscaron colonizar el territorio ancestral de numerosas tribus indígenas. La pérdida de tierras erosionó la red de significados y saberes que vinculaba suelos, ríos, animales y otros elementos esenciales.

Ante esta invasión, el pueblo mapuche desarrolló estrategias que han sido decisivas para su resistencia perdurable. A lo largo de generaciones, ha logrado mantener viva su cosmovisión, a pesar de ser radicalmente distinta del paradigma europeo impuesto. El cuidado del medio ambiente y la preservación de la comunidad constituyen actos de resistencia frente a ideas ajenas. La existencia humana está estrechamente vinculada a la naturaleza y a fuerzas superiores que influyen en la realidad física y coexisten con ella. No hay divisiones rígidas entre las distintas dimensiones de la realidad; por el contrario, las interacciones entre humanos y no humanos son constantes y recíprocas. Esta visión fomenta una identidad común en la que la comunidad es el núcleo de transmisión del conocimiento y del aprendizaje intergeneracional.

La identidad mapuche no se limita a una clasificación étnica, sino que se manifiesta como una relación simbólica con el medio ambiente, así como en la tradición y la sabiduría que han resistido siglos de colonización. Esto representa un modelo de resistencia vigente. Para los Mapuche, y para quienes buscan alternativas al paradigma moderno de explotación de los recursos, su actitud ofrece un modelo de respeto y convivencia capaz de abordar las crisis ecológicas y culturales actuales.

Cosmovisión y concepción del universo

La cosmovisión mapuche articula a todos los seres y fenómenos en un todo interrelacionado, interdependiente y dinámico. No reduce la existencia a categorías aisladas ni a recursos utilitarios; considera, más bien, que cada elemento —humano, animal, vegetal y mineral— es una entidad con sentido intrínseco dentro del gran sistema cósmico. Los Mapuche perciben el universo como un vasto espacio de relaciones simbólicas y energéticas, donde todo tiene su lugar y propósito, una simetría ética y mística que regula el equilibrio del mundo.

Para comprender esto, debemos explorar la *mapu*, una noción de espacio que trasciende la ubicación física. La tierra es el lugar donde las personas habitan y extraen recursos, pero también es un ser sensible que sostiene y nutre toda vida. Esta visión va acompañada de un compromiso ético y moral: los Mapuche sienten que deben respetar y preservar la tierra, porque es a la vez medio y fin en sí misma. Cada elemento natural es un nodo conectado con las fuerzas invisibles que estructuran la realidad. La *mapu* se manifiesta así como un espacio sagrado cuya conservación y respeto son esenciales para mantener la armonía del conjunto.

La idea mapuche del tiempo difiere del tiempo lineal occidental. Se trata, más bien, de un ciclo: la recurrencia de acontecimientos y estaciones que marcan la renovación constante de la vida. En cada ciclo, se renueva el pacto simbólico con el medio ambiente y se reconoce la interdependencia de todas las entidades. Este ciclo temporal orienta la experiencia del tiempo y reafirma su relación con el universo y sus ritmos naturales, que generan un flujo continuo de renovación y continuidad.

La cosmovisión mapuche estructura el universo en cuatro niveles distintos que interactúan de manera constante, otorgando un sentido de totalidad y correspondencia entre los planos visibles e invisibles de la existencia. En el nivel más alto está el *Wenu Mapu*, o 'tierra de arriba', donde habitan los antepasados y las deidades que guían y protegen a la comunidad. Allí viven también ciertos ancestros que alcanzaron un grado trascendente de pureza y sabiduría. Entre estos seres se encuentra Ngenechén, una figura divina central que no es un creador distante, sino una presencia cercana y protectora del equilibrio universal. Su influencia impregna todos los aspectos de la vida, incluyendo la salud de las personas, el éxito de las cosechas y los fenómenos naturales. Es objeto de veneración, y su presencia se manifiesta en el entorno mediante un lenguaje simbólico que los Mapuche interpretan y respetan en sus acciones cotidianas.

Debajo del nivel superior se encuentra *Anka Wenu*, una zona intermedia ocupada por los *ngen* y los *pillanes*. Los *ngen* son guardianes de la naturaleza y controlan características naturales específicas como montañas, ríos y bosques. Protegen activamente los territorios y deben ser respetados. Responden a las acciones humanas brindando amparo a quienes honran el medio ambiente o castigando a quienes lo profanan. Los *pillanes* son como guardianes que restablecen el equilibrio cuando es necesario y responden con tormentas, erupciones o sequías si se falta el respeto al orden natural.

Por debajo de ello, la vida humana transcurre en la *mapu*, donde existe una interacción directa entre el mundo físico y el natural. Este espacio es más que un escenario para la vida cotidiana: es el ámbito donde humanidad y naturaleza se entrelazan en una relación de reciprocidad. Los Mapuche entienden que toda acción en la *mapu* —desde la agricultura hasta la construcción— debe realizarse con la debida reverencia hacia la tierra. La medicina mapuche se funda en este principio: las enfermedades son tanto dolencias físicas como signos de desequilibrio espiritual. La *machi* es la sanadora y guía espiritual de la comunidad; posee un conocimiento extenso sobre las propiedades de las plantas y sobre las técnicas rituales necesarias para restaurar la armonía, en el plano tanto corporal como espiritual.

Por último, el *Minche Mapu* se sitúa en las profundidades subterráneas, morada de fuerzas que a veces se perciben como potencialmente conflictivas, aunque no se las considera intrínsecamente dañinas. Allí habitan los *wekufe*, capaces de provocar desequilibrios si no se les trata con cuidado. Tratar con ellos exige respeto, pues representan los aspectos caóticos de la realidad, necesarios para mantener la integridad del cosmos. Aquí las *machis* son fundamentales, ya que su saber les permite mediar entre la comunidad y estas fuerzas subterráneas. Mediante rituales de purificación y protección, velan para que los *wekufe* no alteren la paz y el orden en la *mapu*. El desorden no se interpreta como algo negativo; se concibe, más bien, como una fuerza complementaria que forma parte del equilibrio del universo. La dualidad entre orden y caos configura esta cosmovisión rica en matices y relaciones simbólicas. El respeto por cada nivel y cada entidad garantiza el equilibrio cósmico, y forma parte del modo en que los Mapuche viven conforme a los ritmos naturales y espirituales que definen su existencia.

En última instancia, la cosmovisión mapuche es una invitación a comprender el mundo como una trama en la que los seres humanos son solo una parte de un mosaico mayor. Debemos vivir con respeto hacia cada entidad que habita el cosmos. Desde los antepasados del *Wenu Mapu* hasta los *wekufe* del *Minche Mapu*, cada fuerza y cada nivel de existencia son elementos esenciales para la preservación de la vida y el mantenimiento del equilibrio.

Capítulo 1: Introducción a la cosmovisión mapuche

Valores éticos y espiritualidad

Los valores y principios éticos provienen de una visión holística y relacional de la existencia, en la que cada elemento, ya sea humano, natural o simbólico, se entreteje con los demás. Esta red interdependiente regula tanto los comportamientos individuales como los colectivos y exige respeto hacia los elementos visibles e invisibles, tangibles e intangibles. El equilibrio y la reciprocidad no son valores meramente deseables; constituyen condiciones esenciales para la subsistencia, la armonía y la continuidad de la comunidad a lo largo del tiempo. Así, cada acto, por pequeño que sea, forma parte de un sistema que trasciende al individuo y repercute en la comunidad y en la naturaleza en su conjunto. De ello se desprende un deber ético que orienta la relación de las personas con el medio ambiente y con las generaciones futuras.

Dentro de esta red de interdependencias y deberes, destaca el concepto de *ngen mapu* como principio ético fundamental que regula la interacción con la tierra, la *mapu*. Este principio convoca a una responsabilidad en el uso de los recursos naturales y a la consciencia de las relaciones entre los seres humanos y el ambiente. La tierra no es simplemente un recurso explotable o un bien material: es una entidad viviente. La tierra es la *Ñuke Mapu*, la madre que nutre y protege a la comunidad. Mantener el respeto y la reciprocidad no es una mera convención, sino una obligación ineludible. Esta actitud refleja una manera de comprender la vida y el vínculo con el mundo.

El *ngen mapu* exige una gestión responsable de los recursos naturales que tenga en cuenta a las generaciones venideras. Las comunidades *Lafkenche* y *Wenteche*, por ejemplo, han desarrollado prácticas de uso de la tierra que respetan los ciclos naturales, se adaptan a la biodiversidad y preservan la salud del territorio. Los métodos agrícolas tradicionales, transmitidos de generación en generación, reflejan este saber acumulado y la capacidad de observar los ciclos de la naturaleza, de modo que las intervenciones humanas no alteren el equilibrio de la *mapu*. Así, el *ngen mapu* orienta acciones prácticas que honran las fuerzas y los ritmos que sostienen la vida.

La ética del *ngen mapu* pide que todos en la comunidad asuman responsabilidades claras y compartidas para preservar la *mapu*. La tierra no es propiedad exclusiva de ningún individuo: pertenece a todos. Todo menoscabo de su integridad afecta al conjunto comunitario. Esta responsabilidad se transmite de generación en generación mediante el conocimiento colectivo denominado *kom kimün*, que abarca tanto el respeto por la naturaleza como los saberes fundamentales de la medicina tradicional, la organización social y la agricultura.

El *norche* es una ética fundamental que alude al estado de equilibrio que debe mantenerse en todas las relaciones, tanto humanas como naturales. El *norche* es más que una actitud respetuosa: es un principio regulativo que garantiza la armonía. Toda relación ha de asentarse en la moderación y el respeto mutuo para sostener el balance. Este valor ético procura evitar el conflicto y promover la reconciliación mediante el diálogo y la cooperación. Al entender el *norche* como un mandato básico, la comunidad se organiza en torno a la idea de que las acciones individuales deben alinearse con el bienestar colectivo.

El respeto y la reciprocidad son aspectos clave del *norche*, que dictan que la vida comunitaria se funde en la colaboración y la ayuda mutua. Ello se manifiesta en prácticas como la *rukache*, que es la construcción colectiva de viviendas, y la *minga*, que se refiere al trabajo agrícola colaborativo. Todos los miembros de la comunidad se sienten parte de un todo y amparados por él. En la resolución de conflictos, el *norche* demanda superar las diferencias mediante el diálogo y la mediación, evitando confrontaciones directas que puedan amenazar el equilibrio y la cohesión comunitaria. Así, la búsqueda de la paz y la cooperación es un fundamento esencial para la estabilidad y la continuidad del grupo.

La reciprocidad es también un valor central en el contexto familiar, que se refleja en el respeto hacia los mayores, quienes ocupan un lugar preeminente en la estructura social mapuche. Los mayores transmiten tradiciones y saberes ancestrales, sostienen la memoria colectiva y constituyen un vínculo directo con las generaciones pasadas. Cuidar a los ancianos no es optativo; es un deber que asegura la continuidad cultural y el aprendizaje intergeneracional. Abandonarlos se consideraría una falta grave que rompería el ciclo de reciprocidad y debilitaría la cohesión y la integridad comunitarias. En este sentido, la reciprocidad es más que un intercambio material: es un compromiso de largo plazo con el bienestar compartido y con la preservación de la identidad cultural.

Este sistema ético concibe al individuo como parte de una totalidad mayor en la que todo acto tiene consecuencias y en la que cada ser ocupa un lugar específico. El *admapu* es el marco normativo que orienta las interacciones. Este conjunto de normas no es un sistema rígido de leyes, sino un código ético y de conducta que garantiza el respeto y la armonía en todos los ámbitos de la vida. A diferencia de otros códigos de conducta, incorpora la relación con la naturaleza, la convivencia comunitaria y las reglas para la toma de decisiones colectivas. Cada miembro de la sociedad mapuche se compromete a cumplir el *admapu*, pues reconoce que el equilibrio y la paz social dependen de la observancia de estos principios.

La ética mapuche es también una forma de resistencia cultural que preserva su identidad frente a las adversidades históricas. Defender el territorio, mantener las costumbres y transmitir los valores éticos a las nuevas generaciones garantiza la integridad comunitaria. Cada acto de preservación cultural es expresión de un compromiso con el equilibrio, la reciprocidad y la continuidad de su cosmovisión en un mundo cambiante.

CAPÍTULO 2
LA NATURALEZA SAGRADA EN LA CULTURA MAPUCHE

El entorno natural como expresión de lo sagrado

La cosmovisión mapuche aborda las intrincadas conexiones entre los elementos naturales y sus manifestaciones. Esta perspectiva concibe cada componente del mundo como portador de significados y poderes que sostienen la armonía del cosmos. Las montañas, los ríos, los bosques, los lagos y los elementos fundamentales —agua, tierra, viento y fuego— son fuerzas vivas que ejercen una influencia directa sobre la comunidad y el equilibrio universal.

Cada elemento y cada lugar forman parte de un sistema de interrelaciones. Los seres humanos son solo uno de los participantes; no detentan un dominio unilateral sobre los demás componentes. La interacción entre los humanos y la naturaleza se basa en el respeto y en un sentido de reciprocidad que fomenta la convivencia armónica. Esto implica que la naturaleza no se concibe únicamente como un recurso a disposición de las necesidades humanas, sino como un conjunto de entidades y fuerzas cuya integridad debe preservarse, tanto para el beneficio humano como por deber moral.

Algunos lugares poseen poderes o energías particulares y se consideran sagrados. En estos sitios, los límites entre los mundos visible e invisible son más permeables, lo que permite la comunicación entre las personas y las fuerzas que protegen y orientan la vida. Los lugares sagrados se respetan y se cuidan, pues cualquier intervención imprudente podría desencadenar consecuencias y alterar el orden cósmico.

Las montañas son centros de conexión con lo trascendente que actúan como guardianas del saber ancestral y mediadoras entre la humanidad y las fuerzas que rigen el universo. Sus cumbres simbolizan raíces y permanencia, reafirmando la identidad cultural y la memoria colectiva del pueblo mapuche. Las *machis*, autoridades en ceremonias y sanación, acuden a estas alturas para realizar ritos y solicitar guía y fortaleza. Las ceremonias expresan respeto hacia estas montañas vivas, honran sus energías y conservan intacta su fuerza espiritual. En los volcanes Lanín y Llaima, por ejemplo, las personas acceden a saberes vastos y reciben protección de las entidades que los habitan.

Los ríos representan el flujo de la vida y el renacimiento continuo. Conectan el pasado y el presente de la comunidad con sus tradiciones y sus antepasados. No se los considera simplemente cuerpos de agua con un valor utilitario, sino entidades vivas dotadas de una fuerza vital conocida como *newen*. *Newen* significa fuerza, energía o espíritu: un poder animador que transforma a los ríos en canales de comunicación con las generaciones pasadas y en espacios de purificación y renovación. Los ríos enlazan la memoria comunitaria y las fuerzas que han moldeado su historia. Conscientes de la importancia de los ríos para la continuidad de la vida y la salud colectiva, los Mapuche los tratan con respeto y responsabilidad. No alteran su curso ni los contaminan, pues ello constituiría una transgresión contra la esencia misma de la vida.

El bosque es el lugar donde convergen las energías protectoras y las fuerzas regenerativas de la naturaleza. Los árboles, en especial el canelo, custodian el conocimiento y la salud de la comunidad. El canelo forma un vínculo vivo entre los diferentes mundos, y su presencia es indispensable en rituales que buscan paz y equilibrio. El bosque provee a las *machis* de plantas medicinales. No las recolectan de manera indiscriminada, sino que siguen pautas que aseguran la salud del ecosistema, ya que cada planta posee una carga de conocimiento y energía que no debe agotarse. La ética de conservación que se despliega refleja tanto la comprensión de las propiedades sanadoras de las plantas como la voluntad de preservar el bosque como espacio de aprendizaje y santuario de vida.

Los lagos, con su quietud y su hondura, también son venerados como lugares de misterio y de comunión con lo desconocido. Estos cuerpos de agua son entradas a otras dimensiones y albergan energías que no siempre resultan evidentes, pero que pueden manifestarse de modos simbólicos. Algunos lagos albergan fuerzas capaces de enviar mensajes o advertencias a quienes saben interpretarlos. Las ceremonias en honor a los espíritus del lago buscan la armonía, la convivencia pacífica y el respeto mutuo entre los habitantes de la tierra y las fuerzas que moran en el agua. Mantener la pureza y la tranquilidad de los lagos se convierte, así, en un compromiso colectivo, pues toda acción que perturbe sus aguas puede desencadenar una pérdida de equilibrio en el ecosistema.

Las relaciones de los Mapuche con los elementos —agua, tierra, viento y fuego— revelan otra dimensión de su cosmovisión. Cada elemento desempeña un papel específico en el ciclo de la vida y en el mantenimiento de la armonía universal. Estos elementos están presentes en el plano físico y poseen características propias que requieren respeto y cautela. Por lo tanto, la interacción con ellos se regula cuidadosamente y se simboliza mediante actos de comunión que buscan honrar y preservar el equilibrio natural.

El agua se valora como recurso indispensable para la vida y como fuerza purificadora que conecta el plano visible con esferas más sutiles de la realidad. Los rituales que incluyen agua procuran renovar el vínculo entre los seres humanos y la energía vital que nos rodea. Alterar el curso natural del agua se considera una falta de respeto a las leyes que rigen el orden cósmico; por ello, los Mapuche se esfuerzan por preservar las fuentes de agua como modo de mantener intacto este lazo sagrado con la naturaleza.

La tierra, conocida en mapudungun como *mapu*, es la madre y el origen de toda la existencia. Esta concepción va mucho más allá de una simple referencia al suelo o a la superficie terrestre: la *mapu* representa el sostén de la vida y el espacio en el que tienen lugar todas las interacciones de los seres vivos. En este sentido, la tierra es también el lugar donde reposan los antepasados y donde se conserva la memoria de la comunidad, lo que convierte cada interacción en un acto de respeto hacia quienes nos precedieron. La relación con la tierra se articula en una serie de responsabilidades y compromisos, en los que cada actividad —desde el cultivo hasta la construcción— se realiza de manera que no dañe su integridad. Así, la gratitud y la reciprocidad guían cada acción, devuelven a la tierra lo recibido y aseguran su futura capacidad de sostener la vida.

El viento es el aliento de los espíritus y un medio de comunicación entre las fuerzas de la naturaleza. Los Mapuche interpretan los cambios en su intensidad y dirección como señales ambientales que pueden tener significados importantes para la comunidad. La concepción del viento como mensajero refuerza la idea de que el mundo natural se halla en comunicación constante con los seres humanos y de que todo cambio en el medio ambiente debe ser observado y respetado.

Por último, el fuego es un elemento de transformación. Más allá de sus usos cotidianos, es un medio de comunicación con las fuerzas protectoras y con los antepasados. En los rituales de sanación, el fuego crea conexiones que trascienden la experiencia material. Dado que el fuego puede destruir y regenerar, simboliza el fin y el inicio de los ciclos; por ello, los Mapuche lo emplean en ceremonias de purificación y de armonización con las energías que gobiernan el universo. De ahí que el manejo de los fuegos rituales requiera una sensibilidad particular y que su uso vaya acompañado de una actitud de respeto hacia la dualidad de su naturaleza.

CAPÍTULO 2: LA NATURALEZA SAGRADA EN LA CULTURA MAPUCHE

Los *ngen*: espíritus guardianes de la naturaleza

Las entidades llamadas *ngen* regulan y protegen los elementos naturales. Estos guardianes inmateriales observan y garantizan el equilibrio y la sostenibilidad. Son autoridades simbólicas que vinculan a los seres humanos con la naturaleza, fomentando la reciprocidad y el respeto mutuo. Cada *ngen* posee su propio dominio, como la tierra, el agua o las montañas, y ordena la conducta humana respecto de los recursos, estableciendo así un sistema ético central en la cultura mapuche.

El *ngen mapu*, protector de la tierra, preserva los elementos físicos y la vitalidad del medio ambiente. La tierra es una entidad con consciencia y derechos. El *ngen mapu* garantiza la fertilidad y el bienestar de todos los seres que dependen de ella. Este guardián establece la necesidad de un uso ético de los recursos y exige que toda intervención, como la siembra o la cosecha, se realice con respeto y permiso. La tierra se trata como un ser digno que debe ser honrado.

Para obtener la aprobación del *ngen mapu*, los Mapuche realizan ceremonias antes de alterar el suelo. Estos rituales buscan la conexión con la tierra y honran su papel en el sostenimiento de la vida, asegurando que el equilibrio mantenido por el *ngen mapu* no se vea afectado por las actividades humanas. Son una expresión tangible de respeto que manifiesta el compromiso de preservar su riqueza y vitalidad para las generaciones futuras. El *ngen mapu* refuerza la creencia en una reciprocidad intrínseca entre humanidad y naturaleza.

Las aguas dulces están bajo la tutela del *ngen ko*. El agua es un recurso cotidiano esencial que, además, propicia la comunión comunitaria con lo trascendente. El *ngen ko* vela por su pureza y disponibilidad. Los cuerpos de agua deben permanecer inalterados y protegidos de la destrucción. Los Mapuche manifiestan su respeto hacia el *ngen ko* mediante ofrendas colocadas en ríos y lagos antes de utilizarlos, expresando así su gratitud y su compromiso ético con la conservación del agua. Esta perspectiva concibe el agua como una entidad digna.

En las zonas costeras y en el mar, el *ngen lafken* es el guardián a cargo de las aguas saladas y de los ecosistemas marinos. El *lafken* es mucho más que un espacio físico: es una dimensión poderosa y misteriosa que exige una relación prudente y respetuosa. A diferencia de otros entornos naturales, el mar se percibe como un ámbito autónomo, colmado de fuerzas impredecibles. La interacción con el mar implica ceremonias y ofrendas que solicitan al *ngen lafken* protección y permiso para utilizar los recursos marinos.

Las montañas están custodiadas por el *ngen wingkul*, que vela por su sacralidad e integridad. Las montañas son lugares de retiro y contemplación, propicios para la introspección y la conexión con lo inefable. El *ngen wingkul* se manifiesta a través de fenómenos naturales, como el viento o las tormentas, que son interpretados como mensajes que recuerdan el respeto que merecen estos espacios elevados. La caza y la recolección en las montañas requieren la autorización del *ngen wingkul*, que garantiza que estas actividades no perturben el equilibrio montano.

Interactuar con los *ngen* exige responsabilidad y reciprocidad. Estos guardianes protegen y a la vez imponen límites a las actividades dentro de sus dominios. Las acciones deben ser humanas y respetuosas, evitando toda forma de abuso o explotación que pueda acarrear consecuencias negativas para el equilibrio natural o la cohesión social. Cualquier infracción contra un *ngen* —como contaminar el agua o sobreexplotar los recursos— afecta el orden del mundo natural y la armonía y el bienestar de la comunidad. Los Mapuche reconocen que, para mantener una convivencia armónica, toda interacción con el medio ambiente debe realizarse con el consentimiento y la bendición de los *ngen*.

El sistema de los *ngen* constituye una cosmovisión que trasciende la mera protección de los recursos naturales. Encarnan un entramado de significados que sitúa a los seres humanos en una posición de interdependencia con el ambiente, recordándoles su responsabilidad de preservar la naturaleza. Consolidan una visión según la cual la supervivencia y el bienestar de la humanidad dependen de su capacidad para coexistir en armonía con las fuerzas que rigen el mundo natural.

Animales como símbolos y guías espirituales

Los animales también participan de la red de significados que conecta lo visible y lo invisible. Habitan el entorno natural, pero además cumplen funciones de mediación y simbolización. Tienen un lugar específico en la comprensión mapuche del universo y constituyen una manifestación de las fuerzas de la naturaleza. Son depósito de enseñanzas fundamentales. En la interacción con los animales, los Mapuche hallan cualidades que emular y modos de desentrañar las conexiones entre el ser humano y la totalidad del cosmos.

El cóndor, el puma y el zorro aparecen en los mitos antiguos. Estos relatos enseñan introspección, resiliencia y el modo de integrarse en un entorno interdependiente. A través de ellos, los Mapuche exploran la conexión entre la naturaleza y los seres humanos, así como el acceso a dimensiones que trascienden los sentidos ordinarios.

El cóndor, o *mallku*, es un ser sagrado que atraviesa los espacios terrenales y otros planos, uniendo cielo y tierra. Los *mallkus* se elevan más alto que cualquier otro animal. Simbolizan la búsqueda del conocimiento con una mirada amplia de la realidad. En la mitología mapuche, el cóndor es el guardián del saber arcaico: protege los secretos transmitidos desde tiempos ancestrales y rige los cielos de los Andes. Quienes logran establecer una conexión con el cóndor adquieren una visión más aguda de los equilibrios naturales; pueden captar aspectos de la realidad que, de otro modo, permanecerían ocultos. La presencia de un cóndor se interpreta como un signo de transformación para quienes asumen responsabilidades. El vuelo del cóndor es una metáfora de elevarse por encima de las circunstancias y desarrollar una percepción expandida de la vida.

En los sueños, el cóndor es presagio de cambios, especialmente para los líderes comunitarios. Su aparición sugiere acontecimientos por venir y ofrece guía para decisiones cruciales. Esta ave es emblema de perseverancia y fortaleza, y representa la capacidad de superar los obstáculos del mundo material. Su majestuoso vuelo simboliza libertad y perspectiva. Al invitar a los seres humanos a observar sus vidas desde un punto de vista más elevado, el cóndor inspira fuerza física y autoconocimiento. Esto fomenta perspectivas que trascienden lo aparente y nos llama a ver más allá de las limitaciones impuestas por el entorno inmediato.

El puma, o *pangi*, encarna fuerza y poder. Representa el valor y la capacidad de afrontar la adversidad. Se asocia con la destreza e inteligencia necesarias para sobrevivir en entornos difíciles, por lo que es un símbolo de protección en la montaña. Su naturaleza solitaria y su habilidad para moverse sin ser detectado lo convierten en emblema de autosuficiencia y determinación. Cazador preciso y cuidadoso, simboliza el equilibrio entre fuerza y prudencia, ferocidad y discernimiento. En los relatos mapuche, el puma suele figurar como líder silencioso y calculador, que enseña la importancia de la reflexión atenta y de actuar solo cuando es estrictamente necesario.

Es maestro de la estrategia, de la vigilancia y de la supervivencia. En los sueños, el puma es un llamado a enfrentar los retos inminentes con determinación; recuerda obrar con integridad y responsabilidad. Ver un puma inspira confianza en las propias capacidades y el arrojo para asumir desafíos, parte de una vida ideal en la que coraje y sabiduría convergen.

El zorro, *ngürü,* destaca por su ingenio y adaptabilidad. Simboliza la aptitud para responder a circunstancias difíciles con creatividad y flexibilidad, mostrando que la inteligencia puede ser un recurso más poderoso que la fuerza bruta. Se le valora por su rapidez y eficacia para resolver problemas, así como por su habilidad para sobrevivir en situaciones adversas. Su conocimiento de plantas y senderos ocultos le permite sobrellevar épocas de escasez. En los relatos tradicionales, vence a sus enemigos mediante el engaño o la astucia. Uno de los cuentos más difundidos narra cómo un zorro convence a un cazador de que trae un mensaje de buena fortuna. Esto muestra que el verdadero poder del zorro radica en superar los peligros con inteligencia y prudencia. La agudeza mental y la flexibilidad son atributos esenciales para enfrentar las vicisitudes de la vida. Así, el zorro inspira a quienes buscan resolver conflictos con ingenio, adaptarse a las circunstancias y emplear la astucia en lugar de la confrontación.

Más allá de su papel en los relatos, el zorro representa una filosofía de vida basada en la adaptabilidad y la resiliencia. Es un modelo de cómo los seres vivos pueden integrarse armónicamente en su entorno y adaptarse sin imponer su voluntad al equilibrio natural. En los sueños, recuerda que la agilidad mental y la flexibilidad pueden abrir puertas a soluciones inesperadas, incluso en las situaciones más complejas.

En la cultura mapuche, los animales se integran en una cosmovisión que los respeta y honra como seres con una misión cósmica. Se los comprende como depositarios de una sabiduría que trasciende la vida humana, una suerte de conexión entre los seres humanos y los principios que rigen la realidad. Por su presencia en relatos, mitos y sueños, el cóndor, el puma y el zorro funcionan como modelos y guías hacia una vida más plena y consciente. Sus enseñanzas no se transmiten de modo explícito, sino mediante la experiencia y la observación. Enseñan coraje, adaptabilidad, inteligencia y respeto por el medio ambiente. Son vehículos de conocimiento que conectan a las personas con los elementos que componen el universo. Esta relación de reciprocidad y reverencia hacia los animales es una cuestión de tradición y una expresión profunda de la ética mapuche, centrada en vivir en equilibrio con el medio ambiente y en reconocer y agradecer a cada ser por sus enseñanzas.

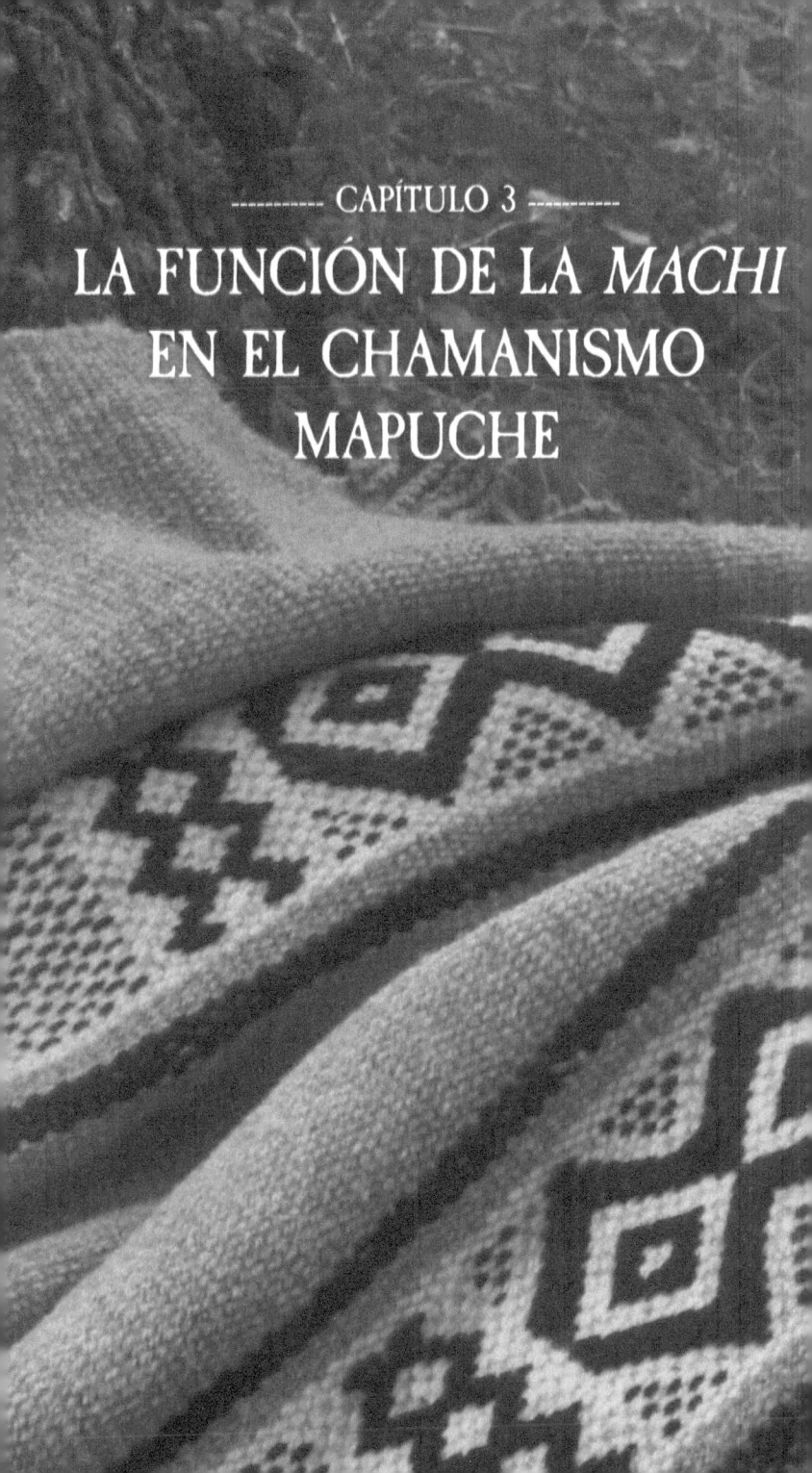

CAPÍTULO 3
LA FUNCIÓN DE LA *MACHI* EN EL CHAMANISMO MAPUCHE

¿Qué es una *machi*? Origen y función espiritual

La *machi* es una sanadora, guía ritual y canal que mantiene la cohesión entre la comunidad y las energías fundamentales para la armonía y el equilibrio. La *machi* es un depósito de sabiduría y un nexo con fuerzas invisibles. Su sistema de creencias y prácticas refleja una cosmovisión donde la naturaleza y sus manifestaciones son entidades vivas y sagradas. La existencia y la labor de una *machi* se sostienen en una red de significados. En esa red, cada elemento natural posee su propia esencia y los seres humanos deben vivir en armonía con las fuerzas circundantes.

Las *machis* suelen identificarse en la niñez, en niñas que muestran una sensibilidad inusual hacia el mundo natural y sus energías invisibles. Esto puede revelarse en sueños, visiones o una inclinación espontánea hacia la sanación y el servicio a los demás. Tales señales se interpretan como un llamado de un *wengkufe*, protector invisible que establece un vínculo especial con la niña elegida. Ese lazo inicial marca el comienzo de un proceso formativo extenso que implica años de disciplina, sacrificio y dedicación para desarrollar las habilidades y los conocimientos requeridos en la labor de una *machi*. La futura *machi* atraviesa una serie de enseñanzas que abarcan desde el estudio de las plantas medicinales hasta los rituales necesarios para comunicarse con las fuerzas de la naturaleza. Guiada por una *machi* experimentada, la aprendiz enfrenta pruebas de resistencia física, así como de empatía y compromiso con el bienestar de la comunidad. Este aprendizaje es riguroso y continuo, orientado a forjar las capacidades necesarias para interpretar los mensajes de las energías invisibles y realizar ceremonias que restituyan la armonía cuando esta se ve amenazada. Mediante la introspección, el autocontrol y el contacto constante con la naturaleza, una *machi* aprende a percibir aquello que escapa a la persona común. Adquiere sabiduría práctica y conocimientos de la complejidad humana.

Uno de los instrumentos más importantes en la labor de las *machis* es el *rewe*, una estructura simbólica de madera que representa la intersección entre el plano terrenal y las dimensiones superiores. El *rewe* es un pilar sagrado por el que se canalizan ofrendas y plegarias y que permite a la *machi* conectarse con las energías invisibles y facilitar la comunicación. En torno al *rewe*, la comunidad se congrega para presenciar rituales de sanación, celebraciones y ritos de paso que consolidan el sentido de unidad y pertenencia. La *machi*, en este contexto, no es un individuo dotado de poderes personales, sino una intermediaria que actúa en consonancia con la voluntad de la naturaleza y las fuerzas que la sostienen.

Como sanadora, la función de la *machi* trasciende el ámbito físico, pues la enfermedad se entiende como manifestación de desequilibrios entre el individuo, el entorno y sus energías. Por ello, las *machis* adoptan un enfoque holístico que atiende aspectos físicos, emocionales y otros elementos que pueden estar implicados en el malestar del paciente. Rituales como la *machi kutran* invocan fuerzas invisibles y restauran la armonía. La sensibilidad y la percepción de la *machi* desempeñan un papel crucial para identificar el origen del mal y actuar sobre él.

El poder de interpretación de las *machis* las convierte en figuras esenciales de la vida comunitaria. Su capacidad para recibir visiones y anticipar acontecimientos les permite orientar a los demás. Sus sueños y visiones son mensajes de advertencia o de guía enviados por fuerzas superiores; por ello, lideran en tiempos de incertidumbre.

Mediante relatos, enseñanzas y rituales, las *machis* educan a los jóvenes en los valores y tradiciones que conforman la identidad mapuche, asegurando que el conocimiento acumulado durante siglos continúe en las generaciones futuras. Esta función es esencial para mantener la cohesión cultural y para que la sabiduría mapuche siga siendo pertinente en un mundo en constante transformación.

Las *machis* desempeñan un papel fundamental en los ritos de paso, en especial en las ceremonias que acompañan a los difuntos en su tránsito al mundo de los antepasados. Encabezan oraciones y cantos para guiar al espíritu hacia su nuevo estado, procurando que halle paz y armonía. Esto las vincula directamente con el mundo de los ancestros, protectores y guías invisibles de la comunidad. Tales rituales preservan vivo el lazo con los antepasados, recuerdan a la comunidad la importancia de honrar y respetar a quienes han partido y garantizan que su legado continúe influyendo en la vida cotidiana.

Las *machis* también se conectan con las energías que habitan en la naturaleza —montañas, ríos y bosques—, a las que atribuyen cualidades y voluntades propias. Con estas fuerzas vivas deben tejerse lazos de respeto y reciprocidad. Mantienen un diálogo constante con dichas entidades por medio de rituales y ofrendas, solicitando su apoyo y agradeciendo su presencia en la vida comunitaria. Este vínculo es fundamental para preservar la armonía y evitar que la naturaleza sea alterada o dañada por acciones humanas irresponsables.

Las *machis* inciden en todos los ámbitos de la vida comunitaria, desde la sanación y la guía espiritual hasta la enseñanza y la protección del medio ambiente. Son modelos de dedicación y servicio, y figuras de autoridad. No imponen un poder propio: colaboran con fuerzas superiores. Su labor testimonia la sabiduría ancestral y la cosmovisión mapuche, que conciben la vida humana como parte inseparable de un sistema mayor.

Las *machis* se adaptan y transforman en respuesta a los desafíos que enfrenta la comunidad, integrando las tradiciones ancestrales con las necesidades actuales. Este dinamismo les permite mantener vivas las tradiciones mapuche y, al mismo tiempo, robustecer su cultura frente a influencias externas y a las presiones de la modernidad, que amenazan la supervivencia de sus creencias. En última instancia, las *machis* representan la resiliencia de las prácticas culturales y de la sabiduría indígena, fuentes vitales de conocimiento y guía en el mundo contemporáneo.

La ceremonia de iniciación: el *machitún*

El *machitún* es una ceremonia pública que consagra a una *machi*. Es un proceso de integración y validación comunitaria que consolida el papel de la *machi* como mediadora entre la comunidad y las fuerzas de la naturaleza. La ceremonia confiere autoridad y confirma su capacidad para actuar como guía y protectora del equilibrio cósmico. Reconoce públicamente su amplia formación, que le ha dotado de poderes curativos y la habilidad de interpretar signos. De este modo, el *machitún* es la culminación de un camino formativo que ha preparado a la aspirante para canalizar nuevas aptitudes y sabiduría ancestral al servicio de la comunidad. Esto exige una conexión con la naturaleza, sus ciclos y sus dinámicas, así como una sensibilidad para leer el sentido de los sueños y otros símbolos.

El *machitún* refleja y celebra el vínculo indisoluble entre el ser humano y las fuerzas universales y, en este sentido, renueva esos lazos que sustentan el orden natural y el bienestar colectivo. La ceremonia transforma a la *machi* en una figura respetada y en un medio entre la comunidad y las energías que se perciben como fuentes de vida y salud. Uno de los elementos esenciales es el *rewe*, un objeto de madera considerado un eje cósmico, que permite el contacto simbólico entre el mundo humano y el mundo de las fuerzas invisibles. Ante él, la *machi* aspirante se inclina con reverencia, entrega y respeto, a fin de acoger las energías superiores.

Para preparar el *machitún*, se selecciona un espacio apropiado. Debe estar cerca de la naturaleza, para posibilitar una comunicación ininterrumpida con las energías de la tierra. Este espacio se prepara con esmero de manera que todos los elementos favorezcan las conexiones naturales. La comunidad y los asistentes ayunan y realizan ofrendas para establecer un ambiente de respeto y purificación y conferir a la ceremonia la solemnidad que merece. Así, los participantes asumen una actitud de recogimiento mientras llevan a cabo rituales que facilitan la transición hacia un estado de pureza. En conjunto, esto crea una atmósfera de profundo respeto hacia la *machi* y las fuerzas invocadas en el rito.

El *rewe* se adorna con ofrendas que representan el compromiso de la comunidad y de la *machi* de permanecer en armonía con las energías naturales. El *rewe* se convierte en canal, en punto de convergencia entre las fuerzas superiores y el deseo comunitario de recibir sus favores y protección.

Los alimentos y las bebidas son ofrendas fundamentales, cuidadosamente seleccionadas y dispuestas en torno al *rewe*. Expresan gratitud y reconocen la autoridad de las fuerzas de la naturaleza. Las hierbas y las plantas medicinales purifican y legitiman el saber médico tradicional. Las hierbas crean un entorno propicio para el trance y la comunión con lo invisible y consolidan el compromiso de la *machi* con el conocimiento sanador heredado de generaciones anteriores. Cada detalle, cada ofrenda y cada símbolo añade una capa de significado, confirmando el papel de la *machi* como protectora del conocimiento tradicional y de la integridad espiritual de la comunidad.

Una parte esencial del *machitún* es el trance en el que entra la *machi*, que le permite una comunicación profunda con las fuerzas superiores. Este trance es facilitado por cantos y danzas rituales que concentran la atención y crean condiciones propicias. El trance se entiende como unión auténtica con energías invisibles que otorgan visiones y mensajes de especial relevancia para la comunidad. Estas visiones fortalecen la determinación de la *machi* y evidencian su disposición y aptitud para ser mediadora. A través de este trance, la *machi* accede a conocimientos más allá de lo accesible a los demás, lo que legitima su autoridad como guía y consejera.

El *machitún* reafirma los principios de la cultura mapuche, que prioriza la armonía con las fuerzas invisibles y con el entorno. Cada uno de los movimientos y fases de la ceremonia está cargado de sentido y refleja los valores que sostienen la vida comunitaria. Al concluir, la *machi* renace, investida de la autoridad y la legitimidad necesarias para ser una líder espiritual responsable del bienestar de la comunidad y del mantenimiento del equilibrio con la naturaleza. Esta consagración la vuelve indispensable, pilar de la cultura mapuche. El *machitún* garantiza que la *machi* sea debidamente reconocida y esté preparada para desempeñar su papel de mediadora, sanadora y protectora mientras conserve el apoyo de esas energías y el respeto de quienes la rodean. De este modo, se convierte en símbolo de la relación recíproca con el universo.

El papel curativo de la *machi* y las prácticas chamánicas

La labor de la *machi* se fundamenta en una cosmovisión edificada sobre una profunda conexión entre salud y equilibrio. La sanación atiende los padecimientos físicos, pero abarca todas las facetas de la vida, lo que le permite abordar aspectos más sutiles de la existencia. En el pensamiento mapuche, la persona y el cosmos se encuentran en un equilibrio dinámico y mutuo, y es responsabilidad de la *machi* velar por el mantenimiento de ese orden. Este es el propósito de la formación de las *machis*, que trasciende la mera enseñanza. Ellas forman parte de una tradición de conocimiento que se asimila mediante la experiencia directa y la observación constante, y luego se transmite a nuevas generaciones de *machis*.

Las *machis* siguen un código simbólico que, por la tradición, les confiere autoridad y legitimidad y reconoce su papel respetado de mediadoras entre diversas fuerzas y planos de existencia. Este papel se refuerza con el empleo de elementos naturales meticulosamente utilizados en las ceremonias. Las plantas medicinales son herramientas poderosas y simbólicas, capaces de restaurar el equilibrio perdido. Se seleccionan por sus efectos curativos y por sus vínculos con los elementos naturales que sostienen la armonía.

Cada planta posee un simbolismo y un poder intrínsecos y las *machis* tienen un conocimiento de su preparación y aplicación. Estas hierbas y plantas se recolectan en momentos específicos del año y en lugares sagrados, pues los ciclos naturales desempeñan un papel crucial en su eficacia. La recolección de plantas no es casual: sigue un protocolo que garantiza su potencia. Cualquier desviación puede afectar la sanación, por lo que el proceso debe respetarse. En las ceremonias curativas, la *machi* manipula las plantas con gestos ceremoniales, palabras, cantos y oraciones que realzan sus propiedades.

Estas ceremonias son también encuentros comunitarios, ya que con frecuencia involucran a toda la comunidad. Constituyen mucho más que un momento de curación individual: son instancias de comunión en las que se fortalecen los lazos culturales y se sostiene la identidad colectiva. Para el pueblo mapuche, la enfermedad de uno de sus miembros afecta al conjunto, y el proceso de sanación restituye el equilibrio del grupo entero. Los ritos de sanación subrayan la cohesión y los principios fundamentales de la vida comunitaria, recordando a todos su conexión con la naturaleza y el cosmos.

La *machi* utiliza además instrumentos como el *kultrun*, un tambor que simboliza el universo mapuche y sus puntos cardinales. El sonido del tambor armoniza las energías del espacio y de los presentes. El *kultrun* representa la totalidad del cosmos; cada golpe es un llamado a restaurar el equilibrio entre cuerpo, mente y entorno. Su latido es capaz de transformar energías y ahuyentar fuerzas que pueden causar daño o malestar, ayudando a activar una sanación que trasciende lo físico.

La guía de la *machi* continúa después de la ceremonia. El seguimiento incluye recomendaciones para mantener el equilibrio alcanzado durante el rito. Estas pueden comprender cambios en la alimentación o el uso de plantas específicas como amuletos. La preservación del bienestar es un esfuerzo conjunto que requiere la participación de la comunidad.

La relación entre la *machi* y las personas se basa en la confianza y en el respeto por su saber, considerado un don transmitido a lo largo de generaciones. La labor sanadora de las *machis* sintetiza los aspectos fundamentales de la cosmovisión mapuche. El bienestar personal y el comunitario forman parte de un mismo tejido: cada ser está profundamente vinculado a su entorno, y el equilibrio entre las fuerzas depende de preservar esta interconexión sagrada.

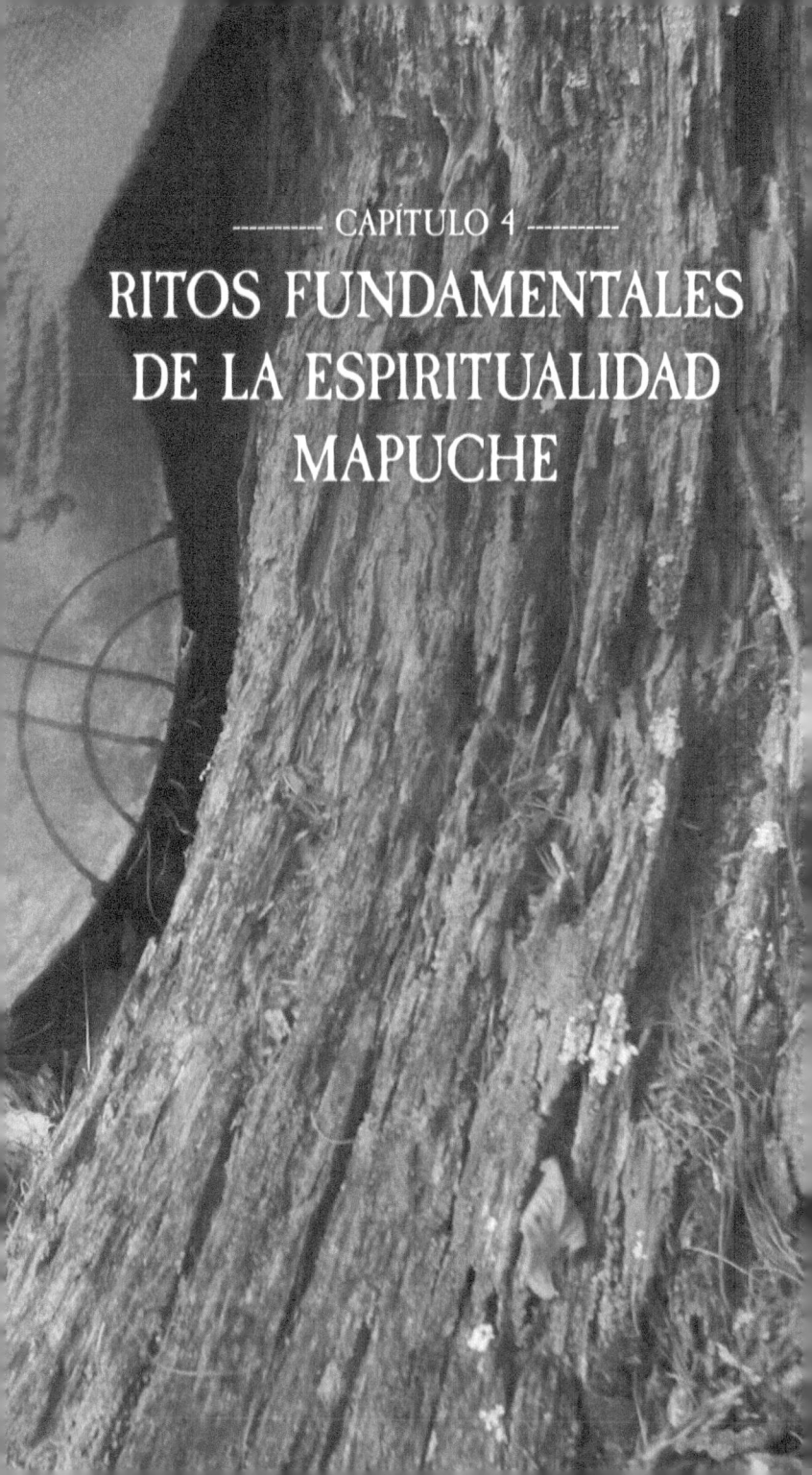

CAPÍTULO 4
RITOS FUNDAMENTALES DE LA ESPIRITUALIDAD MAPUCHE

Ngillatun: el rito de agradecimiento y petición

El *ngillatun* es una ceremonia que rinde homenaje a las fuerzas de la naturaleza y a las entidades protectoras, los *ngen*, que velan por el equilibrio universal. Esta ceremonia expresa gratitud, solicita apoyo en momentos cruciales y refuerza la identidad colectiva, todo ello enmarcado en una tradición ancestral que enfatiza el respeto y la reciprocidad con el medio ambiente y sus guardianes. Se fija para un tiempo y un lugar específicos, de acuerdo con los ciclos naturales, de modo que se alinea con la armonía de la tierra y del cosmos.

Esta ceremonia, centrada en la comunidad, fortalece los lazos internos y reafirma los valores compartidos. La organización del rito es laboriosa y exige la colaboración y la participación de todos los miembros de la colectividad. La ceremonia es conducida por *lonkos* y *machis*, depositarios de saberes ancestrales, dotados de especial sensibilidad para interpretar los signos naturales, así como la capacidad de guiar al grupo en la realización de la ceremonia.

Las oraciones y los cánticos se realizan en mapudungun, la lengua mapuche en la que cada palabra porta una fuerza intrínseca que facilita la comunicación con los *ngen*. La pronunciación y la entonación correctas son vitales para que los mensajes se comprendan plenamente, pues el lenguaje es un vehículo directo de intención y de respeto.

Capítulo 4: Ritos fundamentales de la espiritualidad mapuche

Los cantos, *ül*, constituyen una parte central del *ngillatun*. Invocan energías naturales y unifican a los miembros de la comunidad en una vibración compartida. El tambor ceremonial llamado *kultrun* marca el ritmo. Este guía la danza comunitaria y refuerza la cohesión. La danza se ejecuta en círculo alrededor del *rewe* y representa la unidad. Los participantes dejan a un lado su individualidad para integrarse en el conjunto en un acto de comunión cósmica.

También son importantes las ofrendas, que incluyen alimentos tradicionales como el *muday*, una bebida elaborada con maíz fermentado, así como panes, frutas y otros productos de la tierra que se disponen alrededor del *rewe* para simbolizar el agradecimiento. El orden en que se colocan las ofrendas responde a un saber ancestral que honra y respeta los principios cosmológicos.

El *ngillatun* reafirma la cohesión comunitaria y la sanación. En tiempos de conflicto interno o de tensiones individuales, ofrece un espacio de reconciliación y de restauración del equilibrio y la armonía. Los mayores, en particular, aportan su sabiduría y experiencia a este proceso, evocando ceremonias pasadas y contextualizando los valores y enseñanzas tradicionales. La juventud absorbe y aprende estos valores, asegurando la continuidad cultural de generación en generación.

El *ngillatun* manifiesta el respeto hacia el medio ambiente natural y simboliza la conexión entre los seres humanos y la naturaleza. El bienestar de la comunidad se entiende como reflejo de la salud de la tierra. De este modo, el *ngillatun* reafirma la responsabilidad mapuche con el equilibrio ecológico y una relación con la naturaleza regida por el respeto y el cuidado continuo.

Durante el *ngillatun* se formulan peticiones por la fertilidad de la tierra, el bienestar de los miembros de la comunidad, la protección frente a la adversidad y la prosperidad en general. Estas solicitudes se realizan con una actitud de humildad que reconoce la autonomía de dichas entidades. Los *ngen* son libres de responder conforme al orden natural, y la comunidad acepta su voluntad como parte del proceso de convivencia y de respeto mutuo.

En las labores agrícolas, los Mapuche realizan ceremonias de agradecimiento y piden permiso a los espíritus de la tierra antes de la cosecha. Esto refleja una reverencia hacia el medio ambiente, ya que creen que los espíritus de los antepasados habitan la naturaleza y actúan como protectores de las actividades humanas. Los agricultores creen que estos espíritus ayudan a mantener el equilibrio ecológico, asegurando la fertilidad del suelo para las generaciones futuras y promoviendo una interacción respetuosa con el medio ambiente.

We tripantu: la celebración del nuevo ciclo

La celebración de *We tripantu*, el 'nacimiento de un nuevo sol', simboliza el cambio de estaciones y cristaliza ideas profundas sobre la renovación cíclica y el equilibrio cósmico. Cada año renueva la relación sagrada entre los seres humanos, la naturaleza y las fuerzas que sostienen la armonía del universo. Tiene lugar en torno al solsticio de invierno en el hemisferio sur, aproximadamente el 21 de junio. Marca la culminación de un ciclo anual y la apertura de otro, manifestando así una concepción del tiempo radicalmente distinta de la visión lineal de las culturas occidentales. En el pensamiento mapuche, el tiempo no es una sucesión acumulativa de acontecimientos, sino un retorno circular a los principios de unidad y armonía que enlazan a los seres vivos y a todos los elementos de la creación.

El *We tripantu* alude al renacimiento tanto de la tierra como de las energías que animan a todos los seres. Esta transformación anual señala un cambio en la duración de los días y abre la puerta a un proceso de renovación espiritual y física. La ceremonia celebra el inicio de un nuevo ciclo de vida que se despliega en el aumento gradual de la luz, símbolo del resurgimiento de la vida misma y de la regeneración de los lazos de interdependencia que sostienen el mundo mapuche. El retorno del sol es más que un fenómeno natural; es una ocasión para restaurar y fortalecer el medio ambiente natural y los vínculos comunitarios que constituyen la esencia de la cultura mapuche.

Uno de los principios fundamentales de *We tripantu* es la reciprocidad y el respeto hacia las fuerzas de la naturaleza. Todos los elementos —agua, viento, flora y fauna— son vitales para la continuidad de la existencia. Los participantes liberan las impurezas acumuladas durante el año y se preparan para un estado renovado de equilibrio personal y colectivo.

Los preparativos comienzan días antes de la ceremonia principal e involucran a todos los miembros de la comunidad, con el fin de sincronizar las energías de cada participante con el nuevo ciclo. Esto incluye desde una limpieza minuciosa de los espacios domésticos y comunitarios hasta la preparación de ofrendas y alimentos especiales. La preparación de la comida representa la abundancia venidera en el nuevo ciclo y expresa gratitud por la generosidad del ciclo anterior.

La ceremonia principal tiene lugar al amanecer, en un espacio al aire libre cuidadosamente elegido por su conexión con la naturaleza. Allí, la comunidad se congrega en torno a una fogata que simboliza el calor de la vida y la energía que renace tras la fase de oscuridad. La fogata es el centro de la celebración y representa la energía vital que acompañará a los participantes en el nuevo ciclo. Los ritos incluyen cantos, danzas y oraciones que expresan unidad y respeto hacia las fuerzas que protegen y sostienen el orden cósmico.

Entre los rituales centrales del *We tripantu* se encuentra la purificación mediante el agua, elemento cargado de simbolismo en la cultura mapuche. Los miembros de la comunidad se acercan a un río, lago o vertiente, y son rociados o se sumergen en agua fría para simbolizar la regeneración y el inicio de un nuevo ciclo. Este ritual reconoce al agua como elemento vital y fuente de renovación. Para el pueblo mapuche, las aguas de ríos y lagos poseen una fuerza especial que purifica cuerpo y espíritu, permitiendo a cada persona entrar al nuevo ciclo con energías renovadas.

La ceremonia del *We tripantu* abre espacio para la introspección y la reconciliación, a fin de que las personas reflexionen sobre el año transcurrido, resuelvan conflictos pendientes y se comprometan con nuevos propósitos en beneficio tanto de la comunidad como de la naturaleza. Esto concierne a individuos y familias, y refuerza el sentido de pertenencia y la cohesión social. Los propósitos renovados permiten al pueblo mapuche reafirmar los principios de interdependencia y respeto mutuo que sustentan su cosmovisión.

El baile y el canto son aspectos esenciales del *We tripantu*. Las danzas comunitarias manifiestan gratitud hacia las fuerzas de la naturaleza. Los cánticos invocan a las entidades protectoras. Las danzas se realizan en círculo alrededor de la fogata. El tambor marca el ritmo de la celebración, y su sonido se percibe como un lazo profundo entre los participantes y el entorno natural.

Para el pueblo mapuche, los seres humanos forman parte de un todo mayor, y el *We tripantu* actúa como recordatorio de la responsabilidad de cada individuo y de la comunidad de preservar el equilibrio cósmico.

El *lof* como centro de la vida ceremonial

El lof es un grupo social fundamental que articula una red de relaciones culturales y de parentesco. Los *lofs* son agrupaciones familiares unidas por lazos de sangre compartidos y constituyen el núcleo de la identidad colectiva mapuche.

Los *lof* se organizan en torno a unidades familiares extensas que comparten una identidad cultural y una cosmovisión común, nutridas por una serie de ceremonias y rituales realizados en conjunto. Cada miembro de la comunidad cumple un rol específico orientado al bienestar colectivo, especialmente en el ámbito ritual. Los *lof* permiten a la comunidad mantener el equilibrio y adaptarse a los cambios externos sin perder su identidad ni sus valores esenciales.

La *machi*, el *lonko* y las personas mayores son figuras fundamentales en un *lof*. La *machi* media entre los integrantes del *lof* y el entorno natural en contextos rituales y en la resolución de conflictos internos. Mediante su saber medicinal, simboliza la conexión esencial entre el *lof* y el medio ambiente, asegurando la salud física y emocional de la comunidad a la vez que preserva el conocimiento sanador tradicional.

El *lonko* desempeña un papel de liderazgo basado en el respeto y en su capacidad para guiar a la comunidad conforme a la tradición y a los principios éticos. Su autoridad se extiende a las esferas social, política y ceremonial, y resulta esencial para preservar las normas y los valores que organizan la vida cotidiana y el desarrollo ritual en el *lof*.

El *lof* organiza ceremonias a lo largo del año que fortalecen la cohesión social y los vínculos con las fuerzas de la naturaleza. Las celebraciones pueden solicitar protección u ofrecer agradecimiento por las cosechas o por la paz tras un conflicto.

El concepto de *küme mogen*, o 'buena vida', es un principio orientador que prioriza el bienestar colectivo por encima de los intereses individuales. En la práctica, el *küme mogen* sugiere un uso consciente y equilibrado de los recursos naturales que promueva la convivencia armónica entre las personas y el medio ambiente. Este principio se refleja en todas las actividades, desde el cultivo hasta la recolección de plantas silvestres, y expresa una comprensión de la interdependencia entre los seres humanos y el cosmos.

La vida cotidiana en el *lof* está marcada por una serie de gestos y acciones simbólicas que manifiestan respeto por el equilibrio natural, por ejemplo, al recolectar plantas medicinales. Esta ética se extiende a actividades como la caza y la pesca, que van precedidas de rituales orientados a minimizar el impacto en el ecosistema y a rendir homenaje a la vida que se toma.

CAPÍTULO 5

PRÁCTICAS CHAMÁNICAS Y SANACIÓN ESPIRITUAL

La práctica del *lawen*: plantas medicinales en los rituales

La medicina herbolaria mapuche, conocida en mapudungun como *lawen*, es un sistema que canaliza y honra las energías de la tierra. Cada planta posee una fuerza intrínseca que se vincula con las energías cósmicas y armoniza de manera holística el cuerpo y el espíritu. El *lawen* tiene beneficios terapéuticos y, además, una dimensión ritual y simbólica. El respeto, el equilibrio y la veneración por la naturaleza son fundamentales.

El conocimiento del *lawen* se transmite de generación en generación, por lo común bajo la tutela de la machi. Incluye las propiedades curativas de cada planta, sus ciclos de crecimiento, el momento adecuado para la recolección y la forma de utilizarla para tratar dolencias. Este saber integra detalles técnicos con una sabiduría holística, lo que convierte a las *machis* en puentes entre la comunidad y las energías naturales en cada fase del proceso, desde la recolección hasta el tratamiento en contextos ceremoniales.

El conjunto de hierbas que conforma el *lawen* es extenso y se selecciona cuidadosamente para tratar una variedad de afecciones, tanto físicas como emocionales. Entre ellas, las procedentes del canelo (*Drimys winteri*), un árbol sagrado para la cultura mapuche, que sirven como analgésicos, antiinflamatorios y antipiréticos. También se utiliza en ceremonias para convocar energías protectoras. Sana el cuerpo y aporta estabilidad y seguridad a quienes participan en sus rituales. Otra planta esencial es el boldo (*Peumus boldus*), ampliamente reconocido por sus efectos beneficiosos sobre el sistema digestivo y su capacidad para restablecer el equilibrio emocional. Posee asimismo un valor comunitario, pues se utiliza en ceremonias que fomentan la cohesión social y el respeto mutuo. Del mismo modo, el matico (*Buddleja globosa*) es conocido por sus propiedades antisépticas y cicatrizantes y se emplea para tratar heridas y problemas respiratorios. El quillay (*Quillaja saponaria*) se utiliza por su efecto expectorante y antiinflamatorio, con beneficios para el sistema respiratorio. En las ceremonias de purificación, el quillay se emplea por su capacidad simbólica de renovar y revitalizar cuerpo y espíritu, evocando limpieza y renacimiento. El paico (*Chenopodium ambrosioides*) resulta beneficioso para el sistema digestivo y puede ayudar a combatir infecciones parasitarias. El uso de estas plantas refleja la meticulosa observación de la naturaleza que caracteriza al sistema de conocimiento mapuche.

La recolección de plantas medicinales implica principios éticos y rituales que expresan un respeto profundo por los ciclos naturales. Los tiempos de cosecha se determinan según las fases de la luna, la estación del año y el estado físico y mental de la *machi*. Este respeto por el medio ambiente se traduce en gestos y rituales específicos, como pedir permiso a la planta antes de cortarla y ofrecerle una ofrenda de gratitud. Estas plantas son elementos vitales y la *machi* establece con ellas una relación de consideración y cuidado recíprocos. La recolección suele ser una actividad comunitaria: quienes desean aprender *lawen* acompañan a la *machi*. Esta transmisión de conocimientos garantiza que las generaciones futuras conserven la tradición del *lawen*. Al mismo tiempo, la recolección es una experiencia compartida y de aprendizaje que fortalece la comunidad y el sentido de pertenencia.

Existen preparaciones específicas para cada planta que requieren un conocimiento detallado en cada etapa del proceso. Según la dolencia, los preparados pueden incluir infusiones, cataplasmas, ungüentos y baños rituales, cada uno con una función particular. Todo ello potencia las propiedades curativas de cada planta. En ocasiones, la *machi* puede entonar cantos u oraciones para reforzar la eficacia del tratamiento, estableciendo una conexión entre la persona enferma y las fuerzas naturales de sanación. Los tratamientos exigen participación activa y una actitud abierta y receptiva. La interacción entre la persona y la *machi* requiere confianza y respeto por su saber ancestral. Este vínculo permite que el proceso de curación restituya la consciencia de pertenencia comunitaria y el respeto por el medio ambiente.

Como sanadora y autoridad en medicina, la *machi* regula el uso de los remedios para evitar la sobreexplotación de las plantas o su uso irresponsable. La extracción de plantas sigue normas estrictas de moderación que buscan proteger el ecosistema y preservar los recursos naturales para las generaciones venideras. Esta gestión ética de los recursos subraya el compromiso de la *machi* y de la comunidad con la sostenibilidad y con el respeto por el ciclo vital de cada planta. El *lawen* destaca por su eficacia y por su respeto por los recursos naturales.

La sanación es una responsabilidad compartida entre el paciente, la *machi* y la comunidad. Cada tratamiento constituye un proceso de restauración que permite a las personas recuperar su lugar en la red de relaciones que conforma la estructura social y ecológica del *lof*. Por medio de este sistema de conocimientos, la herbolaria mapuche se ha mantenido como una tradición viva que responde a las necesidades de salud y manifiesta la identidad cultural y los vínculos con la naturaleza.

Conexión espiritual en la sanación: intervenciones de la *machi*

El papel de la *machi* trasciende la medicina; es una intermediaria con poderes que escapan a la percepción cotidiana. Esta capacidad le permite identificar y corregir desequilibrios que afectan la salud y el bienestar de la comunidad y del individuo, restaurando una armonía holística que abarca aspectos físicos, emocionales y energéticos.

Para el pueblo mapuche, la enfermedad es un desequilibrio tanto físico como relacional respecto del entorno. Este desajuste puede tener múltiples causas, desde conflictos emocionales hasta influencias externas. Por ello, la sanación va más allá de los síntomas visibles y se dirige a sus raíces ocultas. Los tratamientos emplean plantas medicinales, ceremonias rituales y estados de consciencia alterados, claves para identificar las causas subyacentes.

El trance chamánico, esencial en la práctica curativa de la *machi*, es una técnica sofisticada para superar los límites de la percepción ordinaria y acceder a realidades más amplias. Este estado alterado de consciencia brinda a la *machi* una perspectiva privilegiada sobre la enfermedad del paciente, a fin de desentrañar los factores que contribuyen al malestar, tanto materiales como intangibles. Esta habilidad requiere conocer los métodos que inducen el trance, como el uso de instrumentos sagrados, entre ellos el *kultrun*.

Este tambor establece una conexión directa con las fuerzas que rigen el orden natural, cuya influencia es esencial en el proceso de sanación. La *machi* recibe visiones que revelan los orígenes del padecimiento y las energías disruptivas, de modo que puede aplicar un tratamiento basado en una comprensión holística de la persona. La *machi* evalúa la situación integral del paciente: su estado emocional, su relación con la comunidad y el estado de sus vínculos con la naturaleza. El tratamiento se orienta a restaurar el equilibrio general.

Las *machis* guían a los pacientes en el autodescubrimiento y la transformación, promoviendo un cambio que desborda la mera recuperación física. Esto requiere la participación activa de los pacientes, quienes deben asumir la responsabilidad de los cambios en sus vidas que contribuirán a restablecer el equilibrio y a evitar dolencias. La salud es una integración consciente del individuo con el orden natural. Los pacientes han de comprender que sanar implica armonía con el entorno y consigo mismos. Los desequilibrios individuales son un asunto comunitario; por ello, la sanación activa fortalece el tejido social y fomenta la cohesión de la comunidad. Así se reintegra a las personas en una red de interdependencia y respeto mutuo.

Los sueños son mensajes enviados por poderes invisibles y las *machis* los emplean para diagnosticar desequilibrios. A través de los sueños pueden identificar conflictos y peligros latentes y ayudar a los pacientes a reconocer las causas fundamentales del malestar. Los mensajes oníricos pueden revelar patrones de conducta o circunstancias que requieren atención y cambio, facilitando la sanación. La interpretación de sueños complementa los trances, aportando una visión adicional que permite a las *machis* orientar a los pacientes hacia el equilibrio personal y colectivo. Sanar, en este sentido, es un acto de reconexión con el universo, donde cada elemento —desde las plantas hasta los ritmos ceremoniales— se halla interrelacionado en un sistema de correspondencias simbólicas.

El poder del canto y el sonido en la espiritualidad mapuche

En la cultura mapuche, las canciones y los instrumentos tradicionales ocupan un lugar preeminente. El sonido forma parte de las ceremonias y, además, brinda acceso a realidades que exceden lo percibido en estado ordinario.

Los instrumentos musicales no son adornos: son vehículos de interacción entre los miembros de la comunidad y dimensiones que escapan a la observación directa. Ciertas vibraciones resultan fundamentales para alcanzar el equilibrio en los ámbitos natural y espiritual. Cada sonido contribuye a establecer conexiones trascendentes.

Las *machis* utilizan cantos específicos para invocar fuerzas de protección y sanación. Las melodías y los ritmos producen efectos concretos tanto en el entorno como en los participantes. Cada canto cumple un propósito determinado, de modo que cantar se convierte en una forma de saber y de conexión con realidades más profundas.

En los rituales de sanación, los cantos permiten a las *machis* ingresar en estados alterados de percepción, en los que es posible adquirir información que de otro modo sería inaccesible. En estos contextos, el canto es un canal de acceso a planos ampliados de conocimiento. Cada sonido debe ejecutarse con precisión y respeto, pues constituye una invocación que exige experiencia y sensibilidad. Las *machis* deben formarse para entonar correctamente cada *ül*, lo que les permite interactuar con fuerzas que demandan reverencia. Ajustan la cadencia y el tono a las necesidades específicas de cada ritual, creando una interacción dinámica con el contexto energético de la ceremonia. Este carácter flexible y adaptable del *ül* refleja la visión mapuche de la vida como un sistema fluido en constante transformación, en el que cada acción se adecua a la situación particular de la comunidad.

Los instrumentos tradicionales están imbuidos de un simbolismo entrelazado con la estructura cósmica del universo. Las *machis* hacen resonar los *kultrunes* para conectar los planos visible e invisible, utilizando el pulso rítmico para atraer energías benévolas y preparar sus mentes y cuerpos para percibir fuerzas que inciden en el bienestar comunitario.

La fabricación de *kultrunes* obedece a reglas que reflejan la integración entre humanidad y naturaleza. La madera procede de un árbol cuya fortaleza simboliza la interdependencia de los elementos. El cuero animal que lo cubre reconoce el ciclo de vida y muerte. Los dibujos de la membrana representan los elementos esenciales de la cosmovisión —tierra, agua, aire y fuego—, así como las fuerzas que habitan cada dirección cardinal. El diseño geométrico del tambor busca atraer ciertas energías y alinear la ceremonia con el equilibrio natural.

El sonido del *kultrun* actúa como una extensión de la energía de la *machi*, quien imprime al tambor la cadencia adecuada para cada ocasión y crea una relación simbiótica con el instrumento. Los asistentes perciben ese ritmo como una invitación a entrar en un estado de concentración y receptividad, sintonizando sus energías individuales con la vibración colectiva. La sincronía fortalece los contactos con las fuerzas invocadas y crea un ambiente donde la energía fluye libremente entre los participantes y el entorno.

Otro instrumento importante es la *trutruka*, una larga trompeta hecha de caña y cuerno. Emite un sonido potente que se expande a gran distancia. Su resonancia convoca a toda la comunidad, a las fuerzas de la naturaleza y a los espíritus ancestrales, reforzando el sentido de pertenencia y continuidad dentro de la tradición mapuche. El tono profundo y penetrante de la *trutruka* suscita respeto, consolida la cohesión comunitaria y reafirma las relaciones con los elementos de la naturaleza, considerados aliados y protectores.

La *pifilca* es un pequeño silbato hecho de madera o hueso. Su timbre agudo puede atravesar barreras perceptivas y convocar energías protectoras. En momentos clave de las ceremonias, activa un estado de alerta entre los participantes y les ayuda a alinearse con planos sutiles de existencia.

Cada instrumento y cada sonido poseen una resonancia singular que se adecua a la naturaleza del ritual. Las *machis* conocen estas propiedades y, por ello, pueden seleccionar los instrumentos más apropiados para cada ocasión. Estas decisiones se basan en un saber detallado sobre las vibraciones y las propiedades simbólicas de los instrumentos, de modo que cada ceremonia se construye como una arquitectura de energía y sonido.

El canto grupal complementa los sonidos individuales de cada instrumento, reforzando el sentido de pertenencia. Cada persona, al participar en el canto, aporta su energía y se vincula con el colectivo, amplificando el efecto del ritual. La vibración de las voces al unísono permite que la comunidad opere como una sola entidad que fortalece el lazo con las dimensiones invocadas.

Capítulo 5: Prácticas chamánicas y sanación espiritual

El canto y el sonido son medios de comunicación con fuerzas más allá del ámbito de los sentidos ordinarios. Tanto los cantos individuales de la *machi* como las resonancias de los instrumentos posibilitan la interacción con realidades que, de otro modo, permanecerían ocultas. Estas ceremonias sostienen una relación continua con los antepasados y con las fuerzas que garantizan el orden y la continuidad de la vida en el universo, donde cada sonido y cada ritmo se consideran expresiones de una trama interconectada que sostiene el mundo.

La música se vuelve un lenguaje que trasciende las palabras y abre camino al equilibrio universal. Los sonidos tienen la capacidad de restaurar la armonía y de conectar a los seres humanos con las fuerzas que gobiernan su existencia, estableciendo un flujo de vida y de energía que asegura la continuidad de su identidad cultural y de su relación con el entorno natural.

CAPÍTULO 6
LA CONEXIÓN CON EL MÁS ALLÁ EN LA ESPIRITUALIDAD MAPUCHE

La concepción de la muerte y el más allá

La cosmovisión mapuche incluye una visión integral de la vida y la muerte. Ambas realidades son partes interdependientes de un ciclo incesante que une a los seres humanos con el medio ambiente y con sus antepasados. La muerte no es un final abrupto, sino una transición hacia una existencia distinta, que continúa vinculada con los descendientes y con el mundo físico. Así, la vida se despliega como una interacción constante entre las dimensiones visible e invisible. Los ancestros y las fuerzas de la naturaleza mantienen el equilibrio que sostiene la armonía de la comunidad.

En este marco, la muerte se entiende como un pasaje a una nueva etapa, el desplazamiento de un ser hacia un ámbito superior. Este *trawün*, o 'encuentro', tiene lugar al concluir la existencia terrenal, cuando el espíritu del difunto inicia su viaje hacia el *Wenu Mapu*, la 'tierra de arriba'. No se trata de un espacio físico, sino de una dimensión etérea habitada por fuerzas elementales como el sol, la luna y los ancestros, quienes guían y acompañan al recién llegado. La *machi* orienta al espíritu para que supere los obstáculos y alcance una paz perdurable en ese espacio sagrado.

El proceso de transición al *Wenu Mapu* no ocurre de manera súbita. Comprende una serie de etapas que deben respetarse con cuidado. La comunidad participa en ceremonias que permiten al espíritu del difunto avanzar hacia su destino sin interrupciones ni tropiezos. En estos ritos, las *machis* actúan como mediadoras entre el mundo terrenal y el más allá. Procuran que el espíritu no se convierta en un alma atrapada en el plano terrestre. Según las creencias mapuche, cuando el viaje al *Wenu Mapu* no se completa adecuadamente, el espíritu permanece en el *Nag mapu*, o 'mundo terrenal', generando desorden que afecta tanto a la comunidad como a los elementos de la naturaleza. Las entidades inquietas manifiestan su existencia de manera perturbadora, a menudo mediante fenómenos naturales o creando malestar entre los vivos. Para contrarrestar esta posibilidad, la comunidad se reúne en ceremonias que incluyen oraciones, ofrendas y cantos destinados a facilitar la marcha del espíritu hacia el *Wenu Mapu*. Estas celebraciones aseguran que el alma se despida en paz, con el apoyo de sus seres queridos, y se incorpore a los antepasados sin incidir negativamente en el medio ambiente ni en la vida cotidiana. A diferencia de la concepción occidental, la muerte no se percibe como un final, sino como una transición hacia una forma de presencia que permite al difunto seguir incidiendo en el destino de la comunidad.

Los ancestros como guías espirituales

Los ancestros ocupan un lugar central para el pueblo mapuche: son fuerzas activas y constantes que orientan, protegen y enriquecen la vida comunitaria. Honrarlos es una responsabilidad que implica preservar sus enseñanzas y valores. Ellos actúan como guías y protectores de la comunidad, observan desde una dimensión distinta y participan activamente en los acontecimientos de la vida diaria, especialmente ante la incertidumbre o el conflicto. No se los concibe como figuras pasivas o distantes, sino como guardianes de los vivos, capaces de intervenir en la existencia de sus descendientes.

La influencia de los ancestros se hace evidente en decisiones relativas a la distribución de recursos, la organización de eventos y la resolución de disputas. Sus enseñanzas orientan las decisiones de los líderes y sirven de base para la deliberación, asegurando que el bienestar y la cohesión social permanezcan intactos.

La protección de los antepasados también se manifiesta frente a adversidades externas, como confrontaciones con otras comunidades o fenómenos climáticos extremos. En tales situaciones, la comunidad recurre a ellos para solicitar intervención y amparo. Ante sequías o inundaciones, los Mapuche realizan ceremonias para resguardar a la comunidad. La creencia en el poder protector de los ancestros refuerza la convicción de que siguen velando y protegiendo.

Los mundos de los vivos y de los antepasados no están rígidamente separados. Los espíritus de los ancestros residen en lugares del entorno, como montañas, ríos y bosques, y tejen una red simbólica que posibilita la comunicación y el intercambio. Los fenómenos naturales se interpretan con frecuencia como expresiones de los ancestros, que se manifiestan por medio de esos elementos para orientar y advertir a la comunidad sobre posibles riesgos o desarmonías.

Existen relatos mapuches sobre antepasados que se comunican con los vivos, especialmente en tiempos de crisis o de decisiones cruciales. Las enseñanzas y advertencias de los antepasados funcionan como pautas morales para la vida cotidiana de la comunidad. La intervención de la *machi* y los rituales de consulta a los ancestros subrayan una interdependencia fundamental entre vivos y muertos, en la que ambos contribuyen al bienestar colectivo y al equilibrio.

Los altares sagrados, *rewes*, son puntos de acceso para encontrarse con los antepasados. Se ubican en espacios naturales de importancia simbólica, como árboles centenarios o cumbres elevadas, que facilitan la conexión con lo trascendente. Durante rituales como el *ngillatun*, el pueblo mapuche expresa gratitud, respeto y devoción a los antepasados; solicita su protección y consejo para garantizar la paz y el bienestar del grupo. Estas ceremonias permiten una interacción simbólica entre vivos y muertos, en un espacio de reciprocidad donde los ancestros actúan como protectores y guías.

El legado de los antepasados se mantiene vivo mediante narraciones orales y rituales que refuerzan la cohesión familiar y social. Para los Mapuche, la partida de un individuo no implica la pérdida de sus enseñanzas; por el contrario, el saber de los ancestros se preserva y transmite mediante *epew*, relatos tradicionales que comunican la historia y los valores de la comunidad. Estas historias consolidan la identidad colectiva y permiten que las generaciones actuales actúen conforme a los principios ancestrales, garantizando una continuidad cultural que orienta las acciones cotidianas.

En la danza ceremonial *purrun*, el pueblo mapuche rinde homenaje a sus ancestros. Esta danza es una manifestación de renovación cultural. Cada movimiento y cada canto celebran la pertenencia, consolidan el linaje y aseguran que el legado ancestral permanezca vivo y conserve su sentido en todos los ámbitos de la existencia comunitaria.

Pewma: el sueño como medio de comunicación espiritual

En la cultura mapuche, el estado onírico es un medio central de comunicación con fuerzas superiores y con las entidades ancestrales. Esta percepción de los sueños no se limita a la experiencia individual, sino que constituye un mecanismo profundamente integrado en la dinámica social y cultural del pueblo mapuche, que conecta al soñante con una red de significados y vínculos con el mundo invisible. El sueño, o *pewma*, es una forma de revelación, una apertura que trae conocimientos y advertencias que solo pueden comprenderse con la ayuda de la *machi*, quien interpreta estos mensajes.

Los sueños no se consideran fantasías privadas ni proyecciones del subconsciente, como sugiere la psicología moderna. Por el contrario, en el estado onírico el alma del soñante entra en contacto con un plano trascendente, en el que se revelan verdades o enseñanzas que pueden tener repercusiones en la vida personal y en la comunidad. Los sueños son proféticos: orientan, señalan caminos, anticipan acontecimientos y alertan sobre peligros inminentes. Desde esta perspectiva, los sueños no son sucesos ordinarios ni experiencias pasivas, sino momentos de apertura a realidades que trascienden la comprensión cotidiana.

La sabiduría y la capacidad de la *machi* para interpretar sueños es un atributo esencial que le confiere legitimidad y autoridad en la comunidad. La interpretación onírica es una tarea compleja que requiere conocimientos acumulados a lo largo de generaciones, así como una comprensión aguda de los símbolos y mensajes que se presentan en el mundo del sueño. Este trabajo no es arbitrario ni caprichoso: se funda en un sistema riguroso de significados, en el que cada elemento del sueño posee un valor específico dentro de un contexto más amplio.

Interpretar el *pewma* es una práctica meticulosa que implica observar los detalles del sueño y del soñante. Las *machis* buscan desentrañar el mensaje oculto tras las imágenes, escenas o entidades oníricas y determinar su relevancia para la persona y para la comunidad. El *pewma* manifiesta conexiones espirituales que reflejan el estado del soñante y el equilibrio general entre las fuerzas naturales y sobrenaturales que rodean a la comunidad. Cada sueño se examina a la luz de ese equilibrio. La interpretación procura restaurar o preservar la armonía entre los mundos visible e invisible.

La interpretación onírica comporta una lectura cuidadosa de los símbolos que aparecen en el *pewma*. Los animales, los elementos naturales y los colores portan significados específicos. Los animales pueden simbolizar fuerzas o espíritus con los que el soñante mantiene un vínculo particular. Un ave, un zorro o un puma pueden interpretarse de modos distintos según el contexto y la relación del soñante con su entorno. La aparición de agua, fuego o árboles puede albergar sentidos diversos que la *machi* evalúa según la situación de la persona.

Los sueños revelan información sobre el porvenir y reflejan la salud espiritual y emocional del soñante. Las *machis* pueden identificar posibles desequilibrios o conflictos internos que podrían afectar al individuo y a la comunidad. El *pewma* es un diagnóstico espiritual que permite a la *machi* intervenir mediante ritos, ofrendas y oraciones para restaurar la armonía y evitar consecuencias negativas.

Los sueños también pueden contener mensajes comunitarios, como llamados a realizar ceremonias específicas o advertencias sobre posibles infortunios. Los sueños que revelan desajustes en la comunidad pueden motivar la ejecución de rituales colectivos para prevenir el conflicto o asegurar la paz. En estas ceremonias, los miembros de la comunidad expresan su respeto y devoción a las entidades que se manifiestan a través del *pewma*, entendiendo que tales mensajes son señales de la conexión continua entre la comunidad y el mundo invisible.

La posición de la *machi* como intérprete de sueños conlleva una sensibilidad ética y moral que le permite orientar a la comunidad en momentos de crisis. Debe contextualizar los sueños dentro de un marco de valores y normas tradicionales. Esta labor de mediación entre el mundo visible y el invisible exige empatía y una comprensión afinada de las dinámicas sociales.

La interpretación de sueños requiere un aprendizaje intensivo. Desde edades tempranas, quienes poseen un don especial para comprender el mundo onírico son identificados por los mayores y reciben una formación particular. Este aprendizaje abarca símbolos y rituales, así como una sensibilidad hacia las necesidades y preocupaciones de la comunidad. La transmisión oral de estos conocimientos garantiza la continuidad de la sabiduría ancestral y asegura que el *pewma* siga siendo fuente de orientación y apoyo.

Dentro de este proceso formativo, el contacto directo con la naturaleza es esencial, pues los elementos naturales desempeñan un papel fundamental en la interpretación de los sueños. La *machi* aprende a relacionar los símbolos oníricos con los fenómenos naturales y otorgarles un significado más amplio, vinculado a la realidad vivida por la comunidad. *Los pewma* no se interpretan de manera aislada, sino a la luz de un contexto ecológico, social y cultural más amplio.

Es importante señalar que la interpretación del *pewma* no está estandarizada; las *machis* desarrollan su propio método y estilo. La diversidad de interpretaciones refleja la riqueza de la cosmovisión mapuche, en la que el mundo onírico se percibe como un espacio dinámico y multifacético, abierto a múltiples lecturas y significados.

Las *machis* emplean su perspectiva y sensibilidad para adaptar las interpretaciones a las necesidades de cada persona y situación, preservando así la flexibilidad y adaptabilidad de la tradición.

Además de ser un medio de comunicación, los sueños son una herramienta de autoconocimiento. Los Mapuche pueden explorar aspectos de su identidad e historia personal que, de otro modo, permanecerían ocultos o reprimidos. La interpretación de sueños permite acceder a una dimensión profunda de la mente y del espíritu. Toca miedos, deseos y recuerdos importantes para el crecimiento y la transformación personales.

El *pewma* ayuda a conectar con los ancestros, quienes ofrecen guía y protección. Los sueños con antepasados son especiales, pues se interpretan como mensajes directos de aquellas almas que han llegado al *Wenu Mapu* y velan por el bienestar de la comunidad. Es un recordatorio de la presencia continua de los muertos entre los vivos. Es también una oportunidad para que los soñantes reciban enseñanzas que fortalecen las tradiciones y los linajes familiares. El contacto con los antepasados implica que la muerte no es una ruptura definitiva. La intervención de los antepasados en el *pewma* confirma la creencia en un vínculo indisoluble entre los mundos visible e invisible, donde los muertos se convierten en protectores y guías de quienes permanecen en el plano terrenal.

Los sueños y sus interpretaciones son un componente integral de la estructura social y cultural mapuche. Permiten la comunicación con fuerzas superiores que ayudan a mantener la cohesión comunitaria. Cada sueño es un puente hacia dimensiones que trascienden la realidad inmediata y una fuente de sabiduría que nutre y orienta a la comunidad.

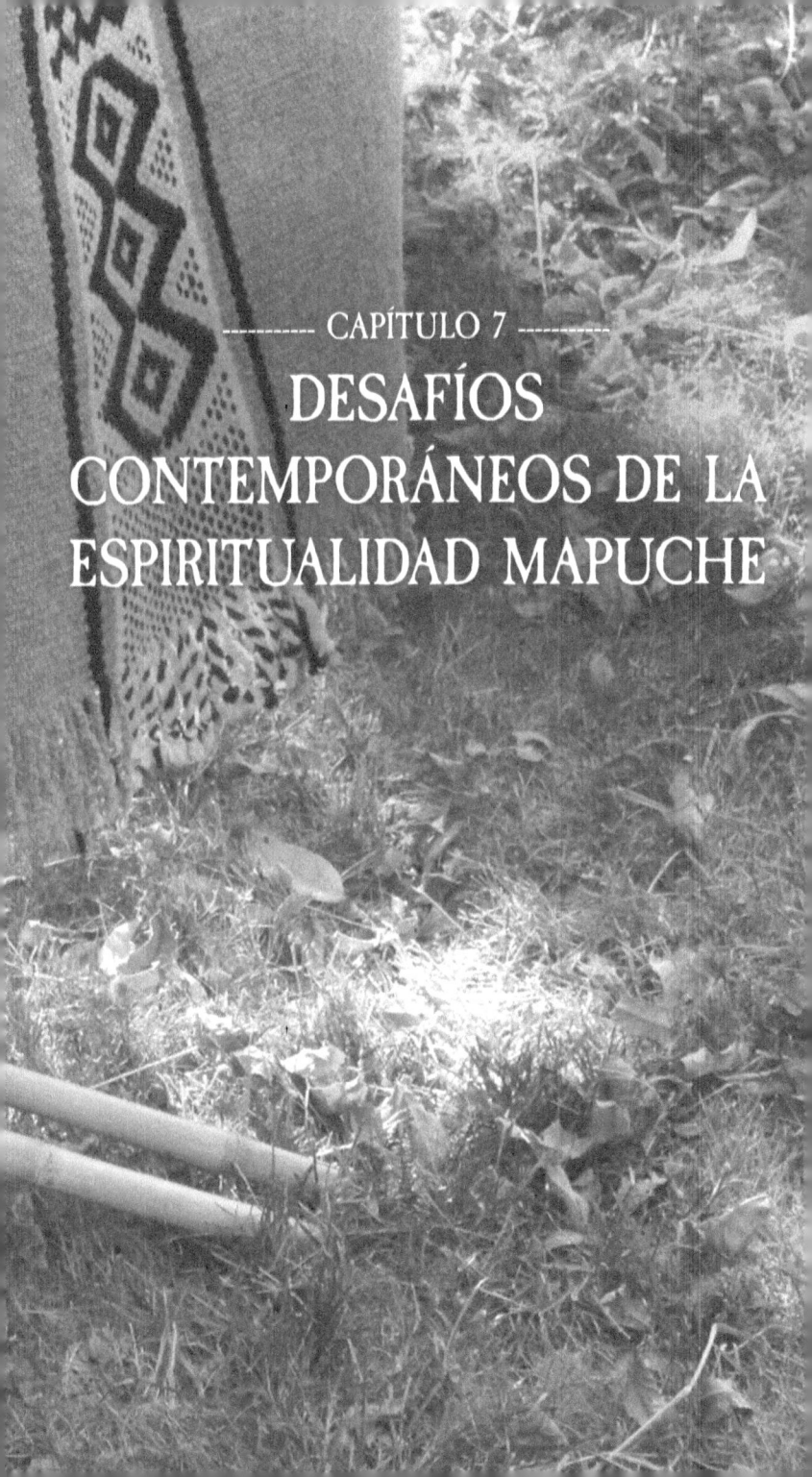

CAPÍTULO 7
DESAFÍOS CONTEMPORÁNEOS DE LA ESPIRITUALIDAD MAPUCHE

El impacto de la modernidad y la urbanización en las prácticas espirituales

En la actualidad, la cultura mapuche enfrenta los desafíos de la modernización y la urbanización aceleradas, que han transformado los entornos donde tradicionalmente se celebraban las ceremonias. La modernidad ha alterado físicamente los espacios, ha forzado modos de vida nuevos y ha afectado de forma significativa las costumbres transmitidas a lo largo de las generaciones. La cosmovisión mapuche, por tanto, se ve ante la necesidad de reafirmarse y redefinirse para persistir en un entorno en rápida evolución.

Históricamente, la vida mapuche transcurrió en ámbitos no urbanos con bosques, montañas y ríos. Estos lugares físicos son también espacios de trascendencia cargados de simbolismo. Cada sitio posee un significado particular que facilita el contacto y la protección cultural. Sin embargo, el avance de las ciudades ha restringido el acceso a tales lugares, limitando la posibilidad de realizar las ceremonias de modo pleno, pues muchas dependen de una interacción directa con el mundo natural. En zonas urbanas, el vínculo tradicional con el territorio enfrenta dificultades tangibles: las personas deben adaptar sus ceremonias a espacios cerrados o improvisados y salvar obstáculos que complican el respeto por lugares específicos identificados por su relevancia y donde habitan los *ngen*.

La expansión urbana modifica, además, el ritmo de la vida mapuche. En las ciudades, los días tienden a ser rígidos y dejan poco tiempo para la introspección y la preparación ceremonial. Por ello, algunos rituales se han abreviado o acortado, con la consiguiente reducción de su riqueza simbólica y su hondura cultural.

La vida urbana también dificulta la transmisión oral del conocimiento. En entornos tradicionales, los mayores ocupan un lugar central en el legado cultural. En las ciudades, en cambio, la convivencia se dispersa y se interrumpen los traspasos orales. Los jóvenes no mantienen interacciones constantes y significativas con sus mayores. Esto conlleva pérdida de acceso a saberes culturales y una reinterpretación de símbolos en contextos alejados de sus referentes originales.

Ante estos obstáculos, diversos grupos mapuche urbanos han encontrado vías alternativas para preservar su cultura. Muchos se reúnen en centros comunitarios que, si bien no sustituyen los espacios sagrados naturales, permiten realizar ceremonias que sostienen la identidad cultural. Estos lugares sirven también para que la juventud conozca su patrimonio y participe en actividades guiadas por líderes comunitarios y mayores.

Un ejemplo claro es la ceremonia del *ngillatun*. Tradicionalmente requiere un *rewe*, pero en contextos urbanos se recurre a altares portátiles o simbólicos. Esto permite realizar la misma ceremonia. Ya que el *rewe* sustituto y el entorno urbano no portan el simbolismo intrínseco de la naturaleza en sus lugares tradicionales, se pierde parte de la esencia y del sentido original del rito.

El sistema educativo urbano constituye un obstáculo significativo para la preservación cultural. En las ciudades, las instituciones de enseñanza enfatizan valores occidentales, dejando escaso espacio a las enseñanzas indígenas. Niños y jóvenes mapuche que asisten a estas escuelas se forman en un sistema que ignora o subestima su patrimonio cultural. Esta exclusión refuerza procesos de asimilación y, en ciertos casos, la interiorización de prejuicios que distorsionan su identidad. Se debilitan los lazos con las raíces y se produce desconexión respecto de las tradiciones, con el riesgo de interpretar de manera errónea la propia herencia.

Para enfrentar estos retos, algunas comunidades han promovido programas educativos alternativos orientados a reforzar la identidad cultural y el conocimiento ancestral. Estos programas incluyen la enseñanza del mapudungun, la historia mapuche y las ceremonias, con el fin de crear un ambiente donde la juventud concilie su identidad con la vida urbana. Sin embargo, tales iniciativas encuentran barreras para integrarse en el sistema formal, pues dependen de la colaboración de instituciones que reconozcan la importancia de la diversidad cultural. Aun así, constituyen esfuerzos fundamentales para revitalizar la identidad en un contexto donde la modernidad tiende a desplazar las costumbres y los valores tradicionales.

La vida laboral presenta desafíos notables para quienes residen en la ciudad. Los empleos urbanos demandan tiempo y esfuerzo considerables, a menudo con horarios inflexibles, lo que dificulta la participación en ceremonias y actividades comunitarias. Esta tensión ha impulsado ajustes en los calendarios rituales para acomodarlos a la realidad urbana. Resulta especialmente difícil preparar ceremonias que requieren la participación de todos.

Asimismo, la lógica económica urbana, orientada al consumo y la competitividad, entra en conflicto con una cultura basada en la cooperación y el respeto por los modos de vida. Los valores tradicionales mapuche priorizan el equilibrio y la interdependencia con la naturaleza. Quienes buscan vivir conforme a estos principios se enfrentan al individualismo y a la acumulación material.

En respuesta, algunas personas y comunidades mapuche han adoptado enfoques económicos alternativos, como la agricultura urbana y el comercio justo. Estas actividades resultan congruentes con su herencia y permiten integrar principios de respeto al medio ambiente y sostenibilidad. Tales proyectos ofrecen sustento y, al mismo tiempo, preservan valores mapuche.

En el plano político, las comunidades en Chile y Argentina enfrentan barreras estructurales y discriminación que limitan la expresión libre de su identidad cultural. Esta marginación provoca desconexión con las tradiciones y la percepción de que la cultura propia no se valora o constituye un obstáculo para la integración urbana. La falta de espacios para practicar libremente sus costumbres culturales ha impulsado una movilización constante en favor de la diversidad cultural en las ciudades.

A través de colectivos urbanos, el pueblo mapuche ha trabajado para lograr reconocimiento, exigiendo a las autoridades locales espacios adecuados para sus ceremonias. Mediante manifestaciones, eventos culturales y alianzas con organizaciones de derechos humanos, se ha buscado sensibilizar sobre la relevancia de sus tradiciones y la urgencia de proteger sus derechos en entornos urbanos.

La globalización y las corrientes internacionales también inciden en la preservación cultural. La exposición a ideas externas ha conducido a integrar elementos de otras tradiciones en ciertas ceremonias, generando sincretismos que, aunque pueden enriquecer, corren el riesgo de diluir la esencia cultural. Este fenómeno plantea un desafío relevante para quienes procuran mantenerse fieles a las prácticas auténticas.

Pese a ello, el pueblo mapuche ha mostrado una resiliencia y una capacidad de adaptación notables. La búsqueda constante de métodos para preservar sus costumbres, la creación de espacios de expresión identitaria y la reorganización de sus ceremonias evidencian un esfuerzo decidido por sostener un patrimonio cultural que continúa siendo un componente fundamental de la identidad mapuche en el presente.

Capítulo 7: Desafíos contemporáneos de la espiritualidad mapuche

Resiliencia y revitalización de la espiritualidad y el chamanismo mapuche

Durante las últimas décadas, el pueblo mapuche, asentado mayoritariamente en el sur de Chile y de Argentina, ha emprendido una lucha por preservar y revitalizar su cultura y tradición. Esta resistencia responde a un prolongado proceso de colonización y desarraigo territorial. La lucha se desarrolla en un contexto global de homogenización cultural y modernización económica que amenaza con borrar las tradiciones indígenas en nombre del progreso. Para los Mapuche, el camino hacia la revitalización cultural no es un simple ejercicio de memoria de ceremonias y rituales; es un esfuerzo deliberado por restablecer su identidad y sus valores colectivos, que expresan una concepción del mundo radicalmente distinta de las visiones occidentales de la realidad.

La lengua es un medio de resistencia cultural. El mapudungun es una herramienta de comunicación cotidiana y el vehículo principal para transmitir sus conocimientos y valores. Cada término contiene una red de significados simbólicos que establece vínculos intrínsecos entre los individuos y el medio ambiente. Revitalizar el mapudungun implica preservar una interpretación del mundo en la que la naturaleza y el cosmos ocupan un lugar central y trascienden las concepciones mundanas.

Las políticas de integración han empujado al pueblo mapuche hacia un proceso de asimilación forzada que amenaza con hacer desaparecer su cultura en favor de una identidad dominante. Esta tendencia ha sido resistida mediante la reafirmación de valores y saberes tradicionales, en un intento por preservar una identidad cultural que desafía las normas hegemónicas. La resistencia mapuche se manifiesta como una recuperación activa de ceremonias y rituales, actos que reafirman el vínculo con el territorio, los ancestros y las fuerzas que rigen la naturaleza. Estos ritos podrían malinterpretarse como simples prácticas culturales, pero constituyen en realidad un complejo sistema de significados que permite a los Mapuche mantener vivos su modo de vida y sus principios fundamentales.

Un componente central de esta resistencia cultural es la recuperación de los espacios naturales considerados sagrados. Son lugares fundamentales para la realización de ceremonias: puntos de convergencia entre las fuerzas cósmicas y la realidad cotidiana, cargados de energía que debe respetarse y cuidarse. El crecimiento urbano y el desarrollo industrial ponen en riesgo su acceso a ellos. Como respuesta, los movimientos de resistencia han tomado medidas para reivindicar estos espacios, exigiendo el derecho a realizar allí sus ceremonias sin interferencias. Para los Mapuche, la integridad de los sitios sagrados es esencial, pues la autenticidad de sus ceremonias depende de una conexión genuina con la tierra y con las energías que la habitan. La pérdida de estos territorios —y la consiguiente imposibilidad de celebrar allí sus ritos— representa una amenaza para la continuidad de su cultura y su cosmovisión.

La figura de la *machi* simboliza una forma de resistencia frente a la modernidad, al encarnar una visión alternativa del mundo que confronta las nociones occidentales de salud y equilibrio. La formación de una *machi* es un largo aprendizaje que incluye prácticas ceremoniales complejas. Sin embargo, los cambios sociales y la fragmentación de la vida comunitaria han dificultado este proceso formativo, dado que muchos jóvenes mapuche han migrado a áreas urbanas, donde la conexión con la cultura tradicional se debilita. Pese a estos desafíos, las comunidades han impulsado iniciativas para formar nuevas *machis*, asegurando así la continuidad de este saber ancestral.

La preservación de instrumentos como el *kultrun* y la *trutruka* es una prioridad en los movimientos de revitalización cultural, pues resultan esenciales para los rituales y simbolizan la continuidad de la cosmovisión mapuche.

La tradición oral, compuesta por historias y mitos, desempeña un papel central en la transmisión de los valores y creencias. Estos relatos explican los orígenes de la naturaleza y las normas éticas. Los mitos y las leyendas describen las hazañas y las enseñanzas de los ancestros; comunican el respeto por la naturaleza y la importancia de vivir en armonía con todos los seres. Por medio de estas narraciones, los Mapuche preservan su historia y su sistema de valores, lo que les permite comprender su lugar en el mundo. Los movimientos de revitalización promueven la preservación de esta tradición oral organizando encuentros donde los mayores comparten su conocimiento con los más jóvenes.

En las últimas décadas, los movimientos de revitalización cultural han celebrado ceremonias como el *ngillatun* y el *We tripantu* en contextos urbanos, adaptándolas a nuevas realidades sin perder su esencia. Así, la comunidad mapuche mantiene viva su identidad incluso en entornos a menudo hostiles o ajenos a sus costumbres.

Ante un mundo que presiona hacia la asimilación cultural, el pueblo mapuche ha reafirmado su identidad mediante prácticas tradicionales. Sus ceremonias, su lengua y sus saberes se han convertido en herramientas de resistencia y de reivindicación de sus derechos ancestrales, consolidando su identidad en un contexto global que con frecuencia los ignora. La revitalización cultural es una afirmación constante de su cosmovisión y de su derecho a existir como un pueblo autónomo y diverso en un mundo que amenaza su continuidad cultural.

Diálogo intercultural y espiritualidad global

La antigua sabiduría mapuche constituye un marco de valores que ofrece un modo de comprender el universo y la existencia en su conjunto. La interdependencia de los seres y el medio ambiente es fundamental. Este saber no es un conjunto de rituales o creencias aisladas, sino una filosofía integral que abarca todas las dimensiones de la vida: natural, social y cultural. En el contexto de la diversidad global, esta visión resulta especialmente pertinente, pues resalta la posibilidad de concebir a los seres humanos no como entidades separadas del mundo natural, sino como partes de un equilibrio mayor, en el que cada elemento tiene un papel definido y una responsabilidad para con los demás.

El contacto intercultural con la cosmovisión mapuche exige apertura a otros modos de conocimiento, sin imponer las categorías y estructuras de la filosofía occidental. Para comprender el saber mapuche en toda su hondura, es esencial reconocer su especificidad y su carácter holístico, que integra lo material y lo simbólico en una sola unidad. La sabiduría mapuche no debe reducirse a fragmentos descontextualizados ni interpretarse a través de paradigmas ajenos. Debe abordarse con disposición a aprender y a escuchar, permitiendo que este conocimiento revele su propia lógica interna y su coherencia.

Dada la dificultad contemporánea de la transmisión oral, la educación intercultural puede ser una herramienta estratégica para preservar el conocimiento mapuche y garantizar su continuidad. Incluir estos saberes en los sistemas educativos permitiría revalorizar su cultura e integrar sus conocimientos en la formación de las nuevas generaciones. Este enfoque no debe limitarse a una incorporación superficial, sino que ha de otorgar la misma legitimidad que a las ciencias occidentales. Ello ayudaría a proteger el conocimiento mapuche y a construir una sociedad más respetuosa de la diversidad y consciente de la necesidad de salvaguardar el equilibrio natural.

La legislación es otro medio para preservar las tradiciones mapuche. En muchos casos se han vulnerado los derechos territoriales de las comunidades indígenas y se han implementado proyectos de explotación de recursos naturales sin respetar los espacios sagrados y vitales de dichas comunidades. El Convenio 169 de la Organización Internacional del Trabajo (OIT) representa un paso importante en la defensa de los derechos indígenas, al exigir la consulta a las comunidades antes de adoptar decisiones que puedan afectar a sus territorios o a sus modos de vida. Sin embargo, para que estas disposiciones se apliquen, se requiere un compromiso real por parte de los gobiernos nacionales, que deben reconocer la importancia de estos conocimientos y la necesidad de proteger un patrimonio cultural que enriquece la diversidad del mundo.

La tecnología digital ofrece nuevas posibilidades para preservar el conocimiento mapuche, pero también plantea desafíos. La digitalización puede ayudar a documentar y transmitir saberes y a ponerlos a disposición de las generaciones futuras. No obstante, fuera de contexto existe el riesgo de que ese conocimiento sea malinterpretado, descontextualizado o incluso comercializado. Para evitarlo, es esencial que las comunidades mapuche conserven el control de sus propios archivos y recursos digitales, y definan términos claros para su uso y difusión.

Capítulo 7: Desafíos contemporáneos de la espiritualidad mapuche

Otra vía para enriquecer y fortalecer el conocimiento mapuche radica en el intercambio con otras tradiciones filosóficas y culturales. Este diálogo intercultural no debe convertirse en la imposición de un conjunto de valores sobre otro, sino en un espacio de aprendizaje mutuo, en el que cada tradición aporte sus principios y visiones para afrontar desafíos compartidos. La cosmovisión mapuche puede ofrecer alternativas en materia de sostenibilidad ambiental, mientras que otras culturas pueden contribuir con enfoques complementarios en cuestiones de organización social o ética. Este tipo de interacción permite construir una red de conocimientos y valores que enriquece y fortalece las identidades culturales en un contexto globalizado.

El saber mapuche ofrece lecciones universales aplicables a cuestiones contemporáneas que afectan a toda la humanidad. La crisis climática, la pérdida de biodiversidad y la fragmentación social son desafíos globales que requieren nuevas formas de pensar y de actuar. La cosmovisión mapuche, con su énfasis en el equilibrio y la interdependencia, puede proporcionar una base ética y filosófica para abordar estas cuestiones desde una perspectiva que priorice el bienestar del conjunto por encima de los intereses individuales. Este enfoque holístico, centrado en la relación armoniosa con el entorno, puede inspirar transformaciones significativas en la manera en que la humanidad se relaciona con la naturaleza y con otras culturas.

El proceso de protección y revitalización del conocimiento mapuche exige una sensibilidad especial y un respeto profundo por sus valores y creencias. En un mundo cada vez más interconectado, es esencial que las culturas puedan aprender unas de otras sin que ninguna pierda su esencia ni se vea forzada a renunciar a su identidad. El contacto con otras tradiciones puede enriquecer las identidades, pero también conlleva el riesgo de perder autenticidad en el intento de adaptarse a un entorno globalizado. La supervivencia de este saber ancestral puede ser fuente de aprendizaje y reflexión para otras culturas, que podrían inspirarse en él para desarrollar una relación más respetuosa y equilibrada con la naturaleza y con los demás seres humanos.

CAPÍTULO 8
REFLEXIONES FINALES SOBRE LA ESPIRITUALIDAD Y EL CHAMANISMO MAPUCHE

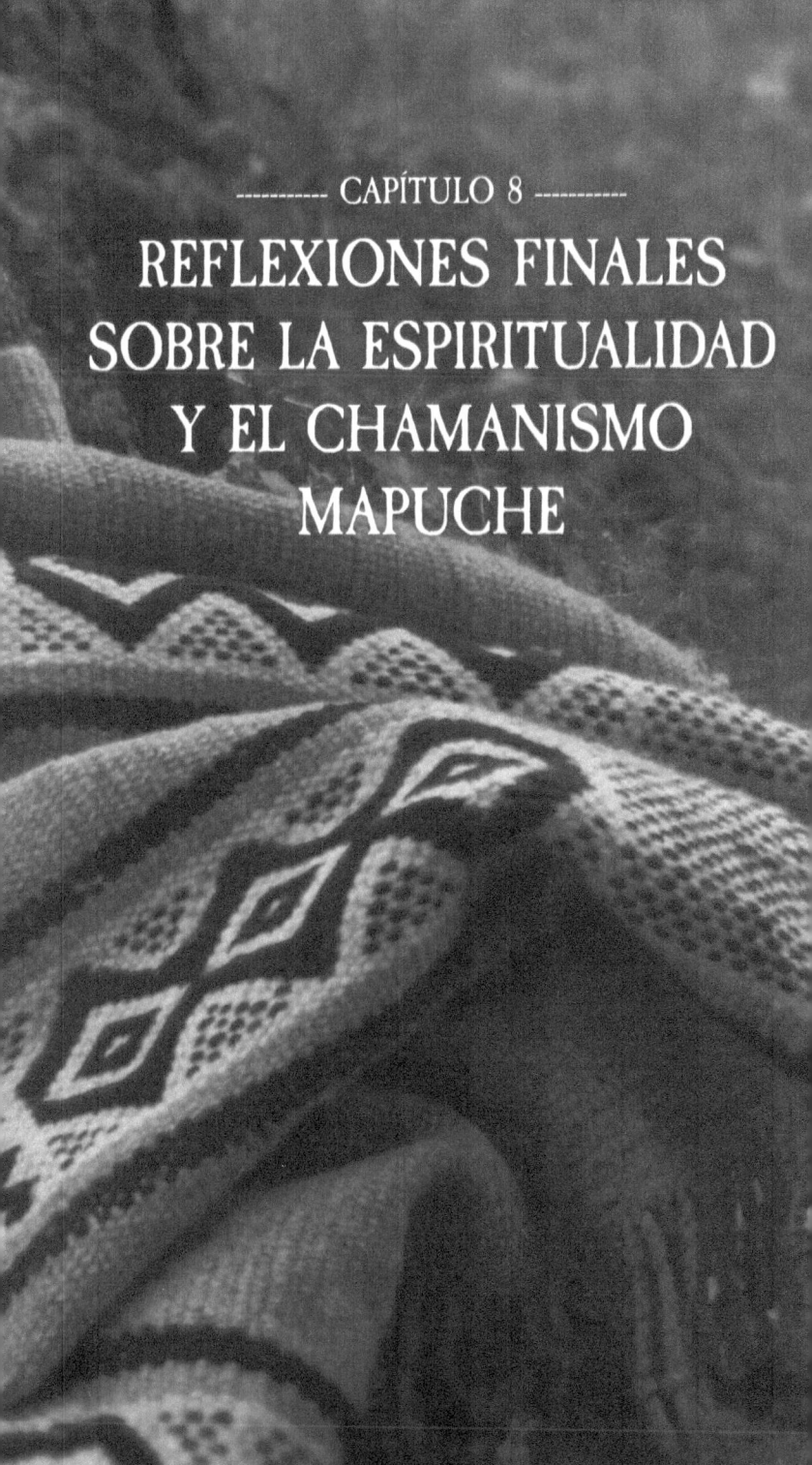

La cosmovisión mapuche como alternativa para un mundo en crisis

La cosmovisión mapuche se despliega como un tejido simbólico que entrelaza la existencia humana y la naturaleza. Para este pueblo, los seres humanos no están aislados: son nodos en una vasta red de relaciones interdependientes que abarca lo visible y lo invisible. No se trata de un conjunto de creencias abstractas; es una filosofía de vida en la que todo acto humano debe regirse por principios de respeto, reciprocidad y equilibrio, especialmente en relación con los seres no humanos. En un contexto global atravesado por crisis ambientales sin precedentes y una marcada desconexión entre humanidad y naturaleza, el paradigma mapuche de integración y convivencia con el mundo natural ofrece lecciones valiosas para repensar la tendencia económica predominante de extracción y consumo.

Un concepto central en la cosmovisión mapuche es *itrofillmogen*, que puede traducirse como 'la totalidad de las formas de vida'. Este término abarca la biodiversidad, pero también una totalidad interdependiente que reconoce que todos los seres, independientemente de su tamaño o función, poseen dignidad intrínseca y cumplen un papel indispensable en el equilibrio de la existencia. La naturaleza es un espacio sagrado y simbiótico donde se sostiene la vida. Mientras la visión occidental reduce con frecuencia la naturaleza a recursos por extraer, *itrofillmogen* contempla un universo vivo. La estructura relacional que configuran *itrofillmogen* y los *ngen* es más que una descripción de lo natural: constituye, sobre todo, un sistema de valores éticos y un modo de existencia en el que los seres humanos interactúan de manera constante con su entorno. Son sus cuidadores, no sus dueños. La responsabilidad es apremiante, pues cada acto incide en la red completa y exige, por tanto, una reflexión ética sobre los intereses inmediatos y la armonía colectiva. En esta trama de relaciones, los humanos dejan de estar en el centro y pasan a ser un elemento más dentro de un flujo de vida que demanda reciprocidad y respeto.

El bienestar de una persona solo puede entenderse en el marco de su comunidad y de su relación con la naturaleza. Cada proceso de sanación individual posee una dimensión colectiva y, en última instancia, ecológica. Esta concepción holística de la salud y del equilibrio es inseparable del concepto mapuche de sostenibilidad. En la cosmovisión mapuche, la sostenibilidad no es un objetivo secundario ni una respuesta coyuntural a la crisis ambiental reciente, sino un principio esencial que atraviesa todos los ámbitos de la vida. Asumir la responsabilidad de mantener el equilibrio natural es un deber que se impone a cada generación, pues toda intervención humana debe realizarse con visión de futuro y profundo respeto por las necesidades del medio ambiente.

La noción de comunidad también es central en la cosmovisión mapuche. Es un principio de organización social que trasciende las relaciones humanas. La comunidad es un organismo colectivo en el que cada individuo contribuye al bienestar general y a la preservación del equilibrio. Esta visión difiere de manera radical del individualismo que caracteriza a muchas sociedades modernas, donde el interés personal suele predominar sobre el bien común.

Esta percepción de comunidad incluye, además, una dimensión temporal y ética, ya que las acciones presentes repercuten de forma inevitable en las generaciones venideras. El respeto hacia quienes aún no han nacido es una premisa fundamental; la comunidad incluye a sus miembros pasados, presentes y futuros. La responsabilidad hacia el porvenir se erige como un modelo ético alternativo al enfoque, más común, centrado en el corto plazo. La visión mapuche propicia una evaluación ética de cada acto, considerando tanto sus implicaciones inmediatas como sus efectos duraderos sobre el ambiente y el tejido social. Al promover una ética del respeto y de la sostenibilidad, esta cosmovisión ofrece una alternativa valiosa frente a los modelos actuales de desarrollo y consumo.

La estructura comunitaria de la sociedad mapuche representa, asimismo, un modelo alternativo de organización social en una época marcada por la fragmentación y el individualismo. La concepción mapuche de comunidad, basada en la cooperación y en el respeto por las generaciones futuras, ofrece una vía para afrontar las crisis de sentido y las dificultades que aquejan a las sociedades contemporáneas. Este sistema de valores no pretende idealizar un pasado mítico, sino proponer una manera de habitar el presente más acorde con la naturaleza y en comunión con quienes vendrán. En un mundo en crisis, esta perspectiva ofrece una alternativa para reconectar a la humanidad con el planeta y con los seres que lo habitan, proponiendo una relación basada en el cuidado y en el compromiso ético con la vida en todas sus formas.

Conexiones entre la espiritualidad mapuche y otras tradiciones indígenas

El ritual *nguillatun* reconoce la interdependencia humana con el entorno. Se realiza de manera colectiva y refleja un fuerte sentido de comunidad, destacando la idea de que el bienestar de cada miembro depende de la armonía de todos. Otras culturas indígenas, como los Hopi y los Zuñi, celebran ceremonias análogas para pedir a las fuerzas naturales fertilidad y cosechas abundantes. En contraste, el *ngillatun* enfatiza la responsabilidad compartida de sostener la reciprocidad con el medio ambiente.

El papel de los antepasados en la cultura mapuche puede compararse con prácticas de veneración en Mesoamérica, donde las figuras ancestrales también se conciben como protectoras de sus descendientes. Sin embargo, para los Mapuche el vínculo es directo y no se limita a festividades anuales; responde a las necesidades del momento y a los ciclos naturales de la comunidad.

El conjunto normativo mapuche denominado *admapu* puede cotejarse con el concepto *kichwa* de *kawsak sacha*

(Selva Viviente) de los pueblos originarios de los Andes y la Amazonía ecuatoriana, que exige respeto y conexiones éticas con el bosque. No obstante, el *admapu* incorpora además elementos comunitarios específicos que le confieren una profundidad singular.

Mientras que en algunas culturas indígenas de la Amazonía la vitalidad de animales y plantas se invoca o se canaliza en rituales concretos, la cosmovisión mapuche propugna una relación de profundo respeto y contención, orientada a preservar la vida en todas sus formas y a asegurar que toda intervención en el medio ambiente sea ética y esté justificada.

La concepción mapuche de la salud se entiende como un estado de equilibrio que trasciende lo físico e incluye la armonía entre individuos, comunidades y naturaleza. Las *machis* vuelven a ser figuras fundamentales, pues pueden restaurar la armonía mediante rituales que sanan a la persona y reconcilian su relación con las fuerzas que rigen el universo. Este enfoque comunitario de la sanación se asemeja al de pueblos como los Lakota, donde el desequilibrio de un individuo puede afectar a la comunidad en su conjunto y el curandero actúa como intermediario entre las fuerzas invisibles y el mundo físico. En la tradición mapuche, este proceso sanador se halla estrechamente vinculado a los ciclos y ritmos de la tierra, añadiendo una dimensión ecológica distintiva que rara vez aparece en otras cosmovisiones indígenas.

A lo largo de los siglos, los Mapuche han mostrado una notable capacidad de adaptación a las transformaciones culturales, integrando elementos de otros sistemas de creencias sin perder la coherencia de su propia visión del mundo. Este proceso de asimilación no ha implicado la renuncia a los valores originarios y ha fortalecido su aptitud para reinterpretar influencias externas. Puede compararse con lo sucedido entre los Mayas o los Quechuas, que también incorporaron elementos de religiones occidentales durante el periodo colonial, pero no mediante un sincretismo irreflexivo. En el caso mapuche, la reinterpretación cultural se realiza con cautela: cada elemento nuevo se evalúa según su compatibilidad con los principios de la cosmovisión mapuche, preservando así la autenticidad y la autonomía de su cultura ancestral.

El patrimonio espiritual mapuche y su legado para las generaciones futuras

El patrimonio cultural del pueblo mapuche es una red compleja de significados y saberes que reflejan un modo de comprender el mundo profundamente arraigado en la relación armónica entre los seres humanos y el universo natural. Este legado, presente en el sur de Chile y Argentina, se edifica sobre una serie de principios fundamentales que han sobrevivido a numerosos intentos de asimilación y desplazamiento, manteniendo su vigencia a lo largo de los siglos. La cultura mapuche se manifiesta en ceremonias y se extiende a una concepción del mundo que conecta todas las dimensiones de la vida, promoviendo una visión integradora y holística del ser.

La globalización ha puesto en riesgo la continuidad de esta visión ancestral. La transmisión del conocimiento y la identidad mapuche enfrenta un desafío constante, especialmente entre las nuevas generaciones que, en muchos casos, han crecido desvinculadas de sus raíces culturales y de la lengua mapudungun. La pérdida progresiva de esta lengua constituye un obstáculo para la comunicación y dificulta la transmisión de ideas y saberes profundamente arraigados en el pensamiento mapuche, pues el idioma encapsula significados y valores sin equivalencia en otras lenguas. Por ello, la preservación del mapudungun no es simplemente una cuestión lingüística, sino un esfuerzo por salvaguardar el acceso a un conocimiento más amplio y diverso que define la identidad cultural del pueblo.

En las comunidades mapuche, los sabios o guías, o *ngenpin*, desempeñan un papel esencial en la preservación y enseñanza de estos valores. Conducen ceremonias y actúan como custodios de la historia, la tradición oral y los relatos que estructuran la identidad mapuche. Transmiten a los jóvenes la importancia de los vínculos con el territorio y con los ancestros, enseñándoles a interpretar el entorno desde una perspectiva que trasciende lo visible. En sus relatos, la *mapu* es un espacio sagrado que conecta pasado y presente, situando a cada individuo en una red de relaciones que incluye tanto a los vivos como a los antepasados. El conocimiento que transmiten es, por tanto, un medio fundamental para fortalecer la identidad mapuche y forjar una conexión auténtica con el entorno y la historia.

Sin embargo, la educación formal en Chile y Argentina ha mostrado históricamente una notable omisión de los saberes mapuche, lo que ha contribuido a una desconexión progresiva entre los jóvenes y sus raíces. Ante ello, en las últimas décadas ha emergido un movimiento cultural y educativo que busca recuperar y visibilizar este conocimiento dentro del sistema escolar. Este impulso se ha materializado en programas de educación intercultural bilingüe, diseñados para que los niños y jóvenes mapuche puedan aprender en su lengua materna y adquirir una comprensión más profunda de sus valores y costumbres. La incorporación del mapudungun en el aula es un paso fundamental para restablecer el vínculo entre las nuevas generaciones y su patrimonio cultural y para fortalecer su sentido de pertenencia comunitaria.

La educación intercultural, además de facilitar el aprendizaje lingüístico, promueve el respeto y la valoración de la naturaleza y de la estructura social mapuche. Estos programas integran contenidos que incluyen relatos y creencias sobre los *ngen* y los *pillanes*. Los niños aprenden acerca de su cultura, desarrollando orgullo y respeto por su identidad en el proceso. Estos valores resultan esenciales en una época caracterizada por la homogeneización cultural, pues permiten a los jóvenes mantener vivo su legado mediante la diversidad y el pluralismo.

Paralelamente, muchas comunidades han tomado la iniciativa de ofrecer instancias de educación y aprendizaje comunitarios donde los jóvenes pueden adquirir técnicas tradicionales de cerámica, tejido y medicina. Estos oficios funcionan como vehículos de transmisión de saberes profundamente arraigados en la interacción con el medio ambiente. La alfarería y el tejido, por ejemplo, no son meros objetos decorativos o utilitarios, sino creaciones cargadas de simbolismo y conocimiento ancestral. Al aprender estas tradiciones, los jóvenes adquieren una comprensión más amplia del equilibrio con la naturaleza, pues cada material y cada forma poseen un significado propio dentro de la estructura cultural mapuche.

La medicina tradicional mapuche se basa en una comprensión detallada y respetuosa de las propiedades de las plantas y de otros elementos naturales. Se transmite, de generación en generación, como un conjunto de prácticas de salud que forman parte de un sistema holístico que integra cuerpo, mente y entorno. Quienes aprenden estas prácticas adquieren habilidades concretas a la vez que desarrollan un profundo respeto por los recursos naturales y por la sabiduría de los ancestros. Este enfoque, distinto del tratamiento médico occidental, ofrece una comprensión alternativa de la salud y el bienestar al reconocer el papel de las fuerzas invisibles en la sanación y en la conexión con el medio ambiente.

En un contexto global en el que la crisis ambiental y la degradación de los ecosistemas se han vuelto problemas críticos, el legado cultural del pueblo mapuche ofrece una

CAPÍTULO 8: REFLEXIONES FINALES SOBRE LA ESPIRITUALIDAD MAPUCHE

perspectiva invaluable para repensar la relación entre los seres humanos y la naturaleza. La cosmovisión mapuche, con su énfasis en la reciprocidad y la interdependencia de todas las formas de vida, plantea una alternativa ética y ecológica que invita a la reflexión. Para el pensamiento mapuche, el medio ambiente no es un recurso a explotar, sino un conjunto de entidades con las que los seres humanos deben mantener una relación equilibrada y mutuamente respetuosa. Esta visión puede inspirar enfoques contemporáneos sobre sostenibilidad y conservación, subrayando la necesidad de una ética ambiental que valore el equilibrio y la convivencia.

Este legado cultural, lejos de limitarse a la identidad mapuche, tiene el potencial de enriquecer las prácticas y los valores de otras sociedades, ofreciendo un modelo de convivencia y respeto hacia la diversidad biológica y cultural. Del mismo modo, la preservación de la cultura mapuche representa una oportunidad para revalorizar los saberes ancestrales como parte del patrimonio cultural de la humanidad, especialmente ante los desafíos ambientales y sociales actuales. Las generaciones futuras pueden hallar en la cosmovisión mapuche una guía ética para enfrentar los problemas contemporáneos, al reconocer que cada ser posee un papel y un valor en la trama de la vida. Este patrimonio cultural y su transmisión pueden servir como pauta para construir una sociedad que valore la diversidad cultural y natural, integrando estos conocimientos en los ámbitos educativo, social y medioambiental.

El legado cultural mapuche puede concebirse, entonces, como un acervo de conocimientos y de principios éticos aplicables a la conservación y al respeto de la naturaleza. Esta cosmovisión invita a reflexionar sobre la necesidad de cultivar una consciencia que reconozca el valor de todas las formas de vida y que fomente una relación equilibrada y responsable entre los seres humanos y su entorno.

APÉNDICES

Prabhuji
S.S. Avadhūta Bhaktivedānta Yogācārya
Śrī Ramakrishnananda Bābājī Mahārāja

Sobre Prabhuji

Prabhuji es un maestro realizado, un místico *advaita* universalista y un representante autorizado del hinduismo. Su profunda dedicación religiosa se expresa en su labor artística como escritor y pintor. En reconocimiento a su nivel espiritual, su gurú le ha conferido el título de *avadhūta*. Ha desarrollado el Sendero Retroprogresivo, una contribución original enraizada en los principios inclusivos del *sanātana-dharma*, tradición milenaria a la que mantiene una adhesión formal y constante.

Su sólida formación incluye un doctorado en filosofía *vaiṣṇava*, otorgado por el prestigioso Instituto Jiva de Estudios Védicos en Vrindavan, India, y un doctorado en filosofía yóguica obtenido en la Universidad Yoga-Samskrutham. Estos doctorados reafirman su compromiso con las enseñanzas tradicionales y su conexión con las raíces espirituales de la religión hindú.

Prabhuji ha dedicado más de cincuenta años a la investigación y la práctica de diferentes religiones, filosofías, vías de liberación y senderos espirituales. Ha absorbido las enseñanzas de grandes maestros, chamanes, sacerdotes, machis, shifus, roshis, sháijs, daoshis, yoguis, pastores, swamis, rabinos, cabalistas, monjes, gurús, filósofos, sabios y santos a quienes visitó personalmente durante sus años de búsqueda. Ha vivido en muchos lugares y ha viajado por el mundo sediento de la Verdad.

En el año 2011, con las bendiciones de su Gurudeva, Prabhuji adoptó el sendero del *bhajanānandī* recluido y se retiró de la sociedad a una vida eremítica contemplativa. Sus días transcurren en soledad, orando, escribiendo, pintando y meditando en silencio y contemplación. Vive como un eremita religioso hindú mesiánico-mariano independiente. Su *iṣṭa-devatā*, o 'deidad elegida', es el Señor Yeshúa, comprendido desde la perspectiva tradicional hindú como el *avatāra*, o 'Dios encarnado' en el cual centra su devoción. A diferencia de la interpretación del cristianismo occidental, su vínculo con Yeshúa nace desde la raíz semítica del Jesús histórico, en el horizonte hebreo original de su revelación.

Prabhuji es el único discípulo de S.D.G. Avadhūta Śrī Brahmānanda Bābājī Mahārāja, quien es a su vez uno de los más cercanos e íntimos discípulos de S.D.G. Avadhūta Śrī Mastarāma Bābājī Mahārāja.

Prabhuji fue designado como sucesor del linaje por su maestro, quien le confirió la responsabilidad de continuar el sagrado *paramparā* de *avadhūtas*, designándolo oficialmente como gurú y ordenándole servir como sucesor Ācārya con el nombre S.S. Avadhūta Bhaktivedānta Yogācārya Śrī Ramakrishnananda Bābājī Mahārāja.

Prabhuji es también discípulo de S.D.G. Bhakti-kavi Atulānanda Ācārya Mahārāja, quien es discípulo directo de S.D.G. A.C. Bhaktivedānta Swami Prabhupāda. Podríamos afirmar que Gurudeva Atulānanda asumió afectuosamente la función de guía durante su etapa inicial de aprendizaje, y por ser el primer gurú de Prabhuji, es considerado parte fundamental de su proceso evolutivo. Por su parte, Guru Mahārāja fue el segundo y último gurú de Prabhuji y le proporcionó dirección durante su fase avanzada. Gurudeva actuó como el educador principal en los albores de su sendero espiritual, mientras que Guru Mahārāja ejerció con gran diligencia el papel de maestro en el nivel superior, acompañándole hasta su realización.

El hinduismo de Prabhuji es amplio, universal y pluralista. Haciendo honor a su título de *avadhūta*, sus enseñanzas vivas y frescas no se limitan a ninguna filosofía o religión, ni siquiera a la suya propia. Sus enseñanzas promueven el pensamiento crítico e invitan a cuestionar las propias convicciones. La esencia de su sincrética visión, el Sendero Retroprogresivo, es el autoconocimiento y el reconocimiento de la consciencia. Para él, el despertar de la consciencia, o la trascendencia del fenómeno egoico, constituye el siguiente nivel del proceso evolutivo de la humanidad.

Prabhuji nació el 21 de marzo de 1958 en Santiago, capital de la República de Chile. Una experiencia mística acaecida a la edad de ocho años lo motivó a la búsqueda de la Verdad, o la realidad última, transformando su vida en un auténtico peregrinaje tanto interno como externo. Ha consagrado su vida por completo a profundizar en la temprana experiencia transformativa que marcó el comienzo de su proceso retroevolutivo.

Desde una edad temprana, su padre, Yosef Har-Zion ZT"L, y su madre, Frida Lazcano ZT"L, manifestaron un amor constante e incondicional, independiente del rendimiento o logros académicos. El abuelo paterno de Prabhuji fue un distinguido suboficial mayor de la policía en Chile, quien educó a su padre Yosef bajo una disciplina estricta. Marcado por ello, Yosef decidió criar a sus propios hijos en un entorno caracterizado por la libertad. Prabhuji y su hermana fueron los proyectos más queridos de sus padres, quienes confiaron en la vida misma como guía en sus decisiones.

En este contexto, Prabhuji creció sin experimentar ningún tipo de urgencia, exigencia o presión externa. Desde muy joven, notó que el sistema educativo le impedía dedicarse a lo que realmente importaba: aprender sobre sí mismo. A los once años decidió dejar de asistir a la escuela convencional y dedicarse al aprendizaje autodidacta. Cuando eligió abandonar la escuela para entregarse a su búsqueda interior, su familia respondió con profundo respeto y aceptación. Yosef apoyó plenamente los intereses de su hijo, animándolo en cada paso de su búsqueda de la Verdad.

A partir de los diez años, su padre compartió con él la sabiduría de la espiritualidad hebrea y de la filosofía occidental, fomentando un ambiente de debates cotidianos que a menudo se prolongaban hasta altas horas de la noche. En esencia, Prabhuji encarnó el ideal de libertad y amor incondicional que sus padres se habían esforzado por cultivar en el seno familiar. Desde muy temprana edad y por propia iniciativa, Prabhuji comenzó a practicar karate y a estudiar filosofía oriental y religiones de manera autodidacta. Durante su adolescencia, nadie interfería con sus decisiones. A los 15 años, entabló una profunda, íntima y larga amistad con la famosa escritora y poeta uruguaya Blanca Luz Brum, quien fuera su vecina en la calle Merced en Santiago de Chile. Viajó por todo Chile en busca de personas sabias e interesantes de las que pudiera aprender. En el sur de Chile, conoció a *machis* que le enseñaron la rica espiritualidad y el chamanismo de los mapuches.

En junio de 1975, a la temprana edad de 17 años, se tituló por primera vez como Profesor de Yoga con S.S. Śrī Brahmānanda Sarasvatī (Dr. Ramamurti S. Mishra), el fundador de la World Yoga University, la Yoga Society de New York y el Ananda Ashram.

A los 18 años, Prabhuji abrazó la disciplina monástica mediante largas estancias en varios *aśrāms* de diferentes corrientes hinduistas (*Gauḍīya-vaiṣṇavas*, *vedānta advaita* y demás) en Chile e Israel. Allí se sometió a una rigurosa formación dentro de la religión hindú. Inmerso en la estricta observancia de la vida religiosa, recibió una educación sistemática, siguiendo los métodos tradicionales de la enseñanza monástica. Su formación incluía el estudio profundo de las escrituras sagradas, la práctica de austeridades, el cumplimiento de estrictos votos y la participación en rituales prescritos, todo ello bajo la guía de maestros o gurús. Mediante esta disciplina intensiva, interiorizó los principios fundamentales de la vida monástica hindú, adoptando sus valores, códigos de conducta y prácticas contemplativas. Esto le permitió aprender la teoría y también incorporar los ideales que caracterizan la espiritualidad del hinduismo.

Con los años, Prabhuji se convirtió en una autoridad reconocida en la sabiduría oriental. Es conocido por su erudición en los aspectos *vaidika* y *tāntrika* del hinduismo, así como en todas las ramas del yoga (*jñāna*, *karma*, *bhakti*, *haṭha*, *rāja*, *kuṇḍalinī*, *tantra*, *mantra* y demás). Su actitud hacia todas las religiones es inclusiva y conoce profundamente el judaísmo, el cristianismo, el budismo, el islam, el sufismo, el taoísmo, el sijismo, el jainismo, el shintoismo, el bahaísmo, el chamanismo, la religión mapuche, entre otras.

Durante su estancia en Oriente Medio, su estimado amigo y erudito, Kamil Shchadi, le transmitió profundos conocimientos sobre la fe drusa. También se benefició de su cercanía al venerado y sabio Salach Abbas, que le ayudó a comprender en profundidad el islam y el sufismo. Estudió budismo Theravada personalmente del Venerable W. Medhananda Thero de Sri Lanka. Profundizó en la teología cristiana con S.S. Monseñor Iván Larraín Eyzaguirre en la Iglesia de la Veracruz en Santiago de Chile y con Don Héctor Luis Muñoz, diplomado en teología de la Universidad Católica de la Santísima Concepción, Chile. Sus estudios intensivos, las bendiciones de sus maestros, sus investigaciones en las sagradas escrituras, así como su vasta experiencia docente, le han hecho merecedor de un reconocimiento internacional en el campo de la religión y la espiritualidad.

La curiosidad de Prabhuji por el pensamiento occidental lo llevó a incursionar en el terreno de la filosofía en todas sus diferentes ramas. Profundizó en especial en la Fenomenología Trascendental y la Fenomenología de la Religión. Tuvo el privilegio de estudiar intensivamente por varios años con su tío Jorge Balazs, filósofo, investigador y autor, quien escribió *El Mundo al revés* bajo su seudónimo Gyuri Akos. Prabhuji realizó estudios particulares de mitología y filosofía durante cuatro años (1984-1987) con la Dra. Meira Laneado de la Universidad Bar-Ilan. Estudió en privado por muchos años con el Dr. Jonathan Ramos, reconocido filósofo, historiador y profesor universitario licenciado de la Universidad Católica de Salta, Argentina. Estudió también con el Dr. Alejandro Cavallazzi Sánchez, licenciado en filosofía por la Universidad Panamericana, maestro en filosofía por la Universidad Iberoamericana y doctor en Filosofía por la Universidad Nacional Autónoma de México (UNAM). Asimismo, estudió en privado con Santiago Sánchez Borboa, doctor en Filosofía por la Universidad de Arizona, EE. UU.

La búsqueda espiritual de Prabhuji le llevó a estudiar con maestros de diferentes tradiciones y a viajar lejos de su Chile natal, a lugares tan distantes como Israel, Brasil, India y Estados Unidos. Habla con fluidez español, hebreo, portugués e inglés. En su estadía en Israel, profundizó sus estudios de hebreo y arameo con el fin de ampliar su conocimiento de las sagradas escrituras. Estudió otros idiomas de forma intensiva como sánscrito con la Dra. Naga Kanya Kumari Garipathi, de la Universidad de Osmania, en Hyderabad (India); pali en el Centro de Estudios Budistas de Oxford; y latín y griego antiguo con el profesor Ariel Lazcano y luego con Javier Álvarez, licenciado en Filología Clásica por la Universidad de Sevilla.

Dos grandes maestros contribuyeron en el proceso retroprogresivo de Prabhuji. En 1976, conoció a su primer Gurú, S.D.G. Bhakti-kavi Atulānanda Ācārya Swami, a quien llamaría Gurudeva. En aquellos días, Gurudeva era un joven *brahmacārī* que ocupaba el cargo de presidente del templo de ISKCON en Eyzaguirre 2404, Puente Alto, Santiago, Chile. Años más tarde, dio a Prabhuji la primera iniciación, la iniciación *brahmínica* y finalmente, Prabhuji aceptó formalmente los sacramentos de la sagrada orden de *sannyāsa*, convirtiéndose en un monje de la Brahma Gauḍīya Saṁpradāya. Gurudeva lo conectó con la devoción a Kṛṣṇa. Le impartió la sabiduría del *bhakti-yoga* y le instruyó en la práctica del *māhā-mantra* y el estudio de las sagradas escrituras.

En 1996, Prabhuji conoció a su segundo maestro, S.D.G. Avadhūta Śrī Brahmānanda Bābājī Mahārāja en Rishikesh, India. Guru Mahārāja, como lo llamaría Prabhuji, le reveló que su propio gurú, S.D.G. Avadhūta Śrī Mastarāma Bābājī Mahārāja, le había dicho años antes de morir que una persona vendría del Occidente y le solicitaría ser su discípulo. Le ordenó aceptar solo y únicamente a ese buscador específico. Cuando preguntó cómo podría identificar a esta persona, Mastarāma Bābājī le respondió: «Lo reconocerás por sus ojos. Debes aceptarlo porque será la continuación del linaje». Desde su primer encuentro con el joven Prabhuji, Guru Mahārāja lo reconoció y lo inició oficialmente como su discípulo. Para Prabhuji, esta iniciación marcó el comienzo de la etapa más intensa y madura de su proceso retroprogresivo. Bajo la guía de Guru Mahārāja, estudió *vedānta advaita* y profundizó en la meditación. Debido a que su gurú era un gran devoto de Śrī Rāmakṛṣṇa Paramahaṁsa y Śāradā Devī, Prabhuji quiso ser iniciado en esta línea de sucesión discipular. Solicitó iniciación de Swami Swahananda (1921-2012), ministro y líder espiritual de la Sociedad Vedanta del Sur de California de 1976 a 2012. Swami Swahananda fue discípulo de Swami Vijñānānanda, un discípulo directo de Rāmakṛṣṇa. Le inició en el año 2008 y le concedió tanto el *dīkṣā* como las bendiciones de Śrī Rāmakṛṣṇa y la Madre Divina.

Guru Mahārāja guio a Prabhuji hasta otorgarle oficialmente los sacramentos de la sagrada orden de *avadhūtas*. En marzo del 2011, S.D.G. Avadhūta Śrī Brahmānanda Bābājī Mahārāja ordenó a Prabhuji, en nombre de su propio maestro, aceptar la responsabilidad de continuar el linaje de *avadhūtas*. Con dicho nombramiento, Prabhuji es el representante oficial de la línea de esta sucesión discipular para la presente generación.

Además de sus *dikṣā-gurus*, Prabhuji estudió con importantes personalidades espirituales y religiosas como S.S. Swami Yajñavālkyānanda, S.S. Swami Dayānanda Sarasvatī, S.S. Swami Viṣṇu Devānanda Sarasvatī, S.S. Swami Jyotirmayānanda Sarasvatī, S.S. Swami Kṛṣṇānanda Sarasvatī de la Divine Life Society, S.S. Ma Yoga Śakti, S.S. Swami Pratyagbodhānanda, S.S. Swami Mahādevānanda, S.S. Swami Swahānanda de la Ramakrishna Mission, S.S. Swami Adhyātmānanda, S.S. Swami Svarūpānanda y S.S. Swami Viditātmānanda de la Arsha Vidya Gurukulam. Mientras que la sabiduría del tantra fue despertada en Prabhuji por S.G. Mātājī Rīnā Śarmā en India.

En Vrindavan, estudió el sendero del *bhakti-yoga* en profundidad con S.S. Narahari Dāsa Bābājī Mahārāja, discípulo de S.S. Nityānanda Dāsa Bābājī Mahārāja de Vraja. También estudió el *bhakti-yoga* con varios discípulos de Su Divina Gracia A.C. Bhaktivedānta Swami Prabhupāda: S.S. Kapīndra Swami, S.S. Paramadvaiti Mahārāja, S.S. Jagajīvana Dāsa, S.S. Tamāla Kṛṣṇa Gosvāmī, S.S. Bhagavān Dāsa Mahārāja y S.S. Kīrtanānanda Swami, entre otros.

En 1980, Prabhuji recibió las bendiciones de S.G. Madre Krishnabai, la famosa discípula de S.D.G. Swami Rāmdās. En 1984, aprendió y comenzó a practicar la técnica de la Meditación Trascendental de Maharishi Mahesh Yogui. En 1988, realizó el curso de *kriyā-yoga* de Paramahaṁsa Yogānanda. Después de dos años, fue iniciado oficialmente en la técnica de *kriyā-yoga* por la

Self-Realization Fellowship. En 1982 recibió *dīkṣā* de S.S. Kīrtanānanda Swami, discípulo de Śrīla Prabhupāda, quien también le dio segunda iniciación en 1991 e iniciación *sannyāsa* en 1993.

Prabhuji deseaba confirmar los sacramentos de la sagrada orden de *sannyāsa* también con el linaje del *vedānta advaita*. Su *sannyāsa-dīkṣā* fue confirmado el 11 de agosto de 1995 por S.S. Swami Jyotirmayānanda Sarasvatī, fundador de la «Yoga Research Foundation» y discípulo de S.S. Swami Śivānanda Sarasvatī de Rishikesh.

Prabhuji ha sido honrado con varios títulos y diplomas por muchos líderes de prestigiosas instituciones religiosas y espirituales de la India. El honorable título de Kṛṣṇa Bhakta le fue otorgado por S.S. Swami Viṣṇu Devānanda (el único título de *bhakti-yoga* otorgado por Swami Viṣṇu), discípulo de S.S. Swami Śivānanda Sarasvatī y fundador de la «Organización Sivananda». El título de Bhaktivedānta le fue conferido por S.S. B.A. Paramadvaiti Mahārāja, fundador de «Vrinda». El título Yogācārya le fue conferido por S.S. Swami Viṣṇu Devānanda, el «Paramanand Institute of Yoga Sciences and Research of Indore, la India», la «International Yoga Federation», la «Indian Association of Yoga» y el «Śrī Shankarananda Yogashram of Mysore, India». Recibió el respetable título Śrī Śrī Rādhā Śyam Sunder Pāda-Padma Bhakta Śiromaṇi directamente de S.S. Satyanārāyaṇa Dāsa Bābājī Mahant de la Chatu Vaiṣṇava Saṁpradāya.

Prabhuji dedicó más de cuarenta años al estudio del *haṭha-yoga* con prestigiosos maestros del yoga clásico y tradicional como S.S. Bapuji, S.S. Swami Viṣṇu Devānanda Sarasvatī, S.S. Swami Jyotirmayānanda Sarasvatī, S.S. Swami Satchidānanda Sarasvatī, S.S. Swami Vignānānanda Sarasvatī, y Śrī Madana-mohana.

Llevó a cabo varios cursos sistemáticos de formación de profesores de *haṭha-yoga* en prestigiosas instituciones hasta alcanzar el grado de Maestro Ācārya en dicha disciplina. Completó sus estudios en las siguientes instituciones: World Yoga University, Sivananda Yoga Vedanta, Ananda Ashram, Yoga Research Foundation, Integral Yoga Academy, Patanjala Yoga Kendra, Ma Yoga Shakti International Mission, Prana Yoga Organization, Rishikesh Yoga Peeth, Swami Sivananda Yoga Research Center y Swami Sivananda Yogasana Research Center.

Prabhuji es miembro de la Indian Association of Yoga, Yoga Alliance ERYT 500 y YACEP, la International Association of Yoga Therapists y la International Yoga Federation. En 2014, la International Yoga Federation le honró con la posición de Miembro Honorario del World Yoga Council.

Su interés por la compleja anatomía del cuerpo humano lo llevó a estudiar quiropráctica en el prestigioso Instituto de Salud de Espalda y Extremidades en Tel Aviv, Israel. En 1993, obtuvo el diploma de manos del Dr. Sheinerman, fundador y director del instituto. Posteriormente, obtuvo el título de masajista terapéutico en la Academia de la Galilea Occidental. Los conocimientos adquiridos en este campo agudizaron su comprensión del *haṭha-yoga* y contribuyeron a la creación de su propio método.

El Yoga Retroprogresivo es el fruto de los esfuerzos de Prabhuji por perfeccionar su propia práctica y sus métodos de enseñanza; se trata de un sistema basado especialmente en las enseñanzas de sus gurús y en las escrituras sagradas. Prabhuji sistematizó diferentes técnicas yóguicas tradicionales creando una metodología apta para el público occidental. El Yoga Retroprogresivo aspira a la experiencia de nuestra auténtica naturaleza, promoviendo el equilibrio, la salud y la flexibilidad a través de dieta apropiada, limpiezas, preparaciones (*āyojanas*), secuencias (*vinyāsas*), posturas (*āsanas*), ejercicios de respiración (*prāṇāyāma*), relajación (*śavāsana*), meditación (*dhyāna*), así como ejercicios con cierres energéticos (*bandhas*) y sellos (*mudras*) para dirigir y potenciar el *prāṇa*.

Desde su infancia, y a lo largo de toda su vida, Prabhuji ha sido entusiasta admirador, estudiante y practicante de kárate-do clásico. Desde los 13 años, estudió en Chile estilos como el kenpo con el Sensei Arturo Petit y el kung-fu, pero se especializó en el estilo japonés más tradicional del shotokan. Recibió el grado de cinturón negro (tercer dan) de Shihan Kenneth Funakoshi (noveno dan). Aprendió también de Sensei Takahashi (séptimo dan) y de Sensei Masataka Mori (noveno dan). Además, practicó el estilo shorin ryu con el Sensei Enrique Daniel Welcher (séptimo dan) quien le confirió el rango de cinturón negro (segundo dan). A través del karate-do, profundizó en el budismo y obtuvo conocimiento adicional acerca de la física del movimiento. Es miembro de la Funakoshi's Shotokan Karate Association.

Prabhuji creció en un entorno artístico y su amor por la pintura comenzó a desarrollarse en su infancia. Su padre, el renombrado pintor chileno Yosef Har-Zion ZT"L, le motivó a dedicarse al arte. Aprendió pintura tanto con su padre como con el famoso pintor chileno Marcelo Cuevas. Las pinturas abstractas de Prabhuji reflejan las profundidades del espíritu.

Desde su más tierna infancia, Prabhuji ha sentido una especial atracción y curiosidad por los sellos postales, las tarjetas postales, los buzones, los sistemas de transporte postal y toda la actividad relacionada con el correo. Ha aprovechado cada oportunidad para visitar oficinas de correos en diferentes ciudades y países. Se ha adentrado en el estudio de la filatelia, que es el campo del coleccionismo, la clasificación y el estudio de los sellos postales. Esta pasión le llevó a convertirse en filatelista profesional, distribuidor de sellos autorizado por la American Philatelic Society y miembro de las siguientes sociedades: Royal Philatelic Society London, Royal Philatelic Society of Victoria, United States Stamp Society, Great Britain Philatelic Society, American Philatelic Society, Society of Israel Philatelists, Society for Hungarian Philately, National Philatelic Society UK,

Fort Orange Stamp Club, American Stamp Dealers Association, US Philatelic Classics Society, Filabras - Associação dos Filatelistas Brasileiros y Collectors Club of NYC.

Basándose en sus amplios conocimientos de filatelia, teología y filosofía oriental, Prabhuji creó la «Filatelia Meditativa» o el «Yoga Filatélico», una práctica espiritual que utiliza la filatelia como soporte para la práctica de atención, concentración, observación y meditación. Esta se inspira en la antigua meditación hindú del mándala y puede llevar al practicante a estados elevados de consciencia, a la relajación profunda y a la concentración que promueve el reconocimiento de la consciencia. Prabhuji escribió su tesis sobre este nuevo tipo de yoga, la «Filatelia Meditativa», atrayendo el interés de la comunidad académica de la India debido a su innovador enfoque de conectar la meditación con diferentes aficiones y actividades. Por esta tesis, fue honrado con el doctorado en Filosofía Yóguica por la Universidad Yoga-Samskrutham.

Prabhuji vivió en Israel por más de veinte años, donde amplió sus estudios de judaísmo. Uno de sus principales profesores y fuentes de inspiración fue el Rabino Shalom Dov Lifshitz ZT"L, a quien conoció en 1997. Este gran santo lo guio durante varios años por los intrincados senderos de la Torá y el jasidismo. Le enseñó personalmente Tanaj, Talmud, Midrash, Shulján Arúj, Mishné Torá, Tanya, Cábala y Zohar. Ambos desarrollaron una relación muy cercana. Prabhuji también estudió el Talmud con el Rabino Rafael Rapaport Shlit"a (Ponovich), Jasidismo con el Rabino Israel Lifshitz Shlit"a y la Torá con el Rabino Daniel Sandler Shlit"a. Prabhuji es un gran devoto del Rabino Mordejai Eliyahu ZT"L, quien personalmente lo bendijo.

Prabhuji visitó EE. UU. en el año 2000 y durante su estadía en Nueva York, se percató de que era el lugar más adecuado para fundar una organización religiosa. Le atrajeron especialmente el pluralismo y la actitud respetuosa de la sociedad americana hacia la libertad de culto. Le impresionó el profundo respeto tanto del público como del gobierno hacia las minorías religiosas. Después de consultarlo con sus maestros y solicitar sus bendiciones, Prabhuji se trasladó a los Estados Unidos. En el 2003 nació la Misión Prabhuji, una iglesia hindú destinada a preservar la visión universal y pluralista de su hinduismo y su «Sendero Retroprogresivo».

Aunque no buscó atraer seguidores, durante 15 años (1995-2010), Prabhuji consideró las solicitudes de algunas personas que se acercaron a él pidiendo ser discípulos monásticos. Aquellos que eligieron verlo como a su maestro espiritual aceptaron voluntariamente votos de pobreza y dedican sus vidas a la práctica espiritual (*sadhāna*), la devoción religiosa (*bhakti*) y el servicio desinteresado (*seva*). Aunque ya no acepta nuevos discípulos, continúa guiando al pequeño grupo de veteranos de la Orden Monástica contemplativa Ramakrishnananda que fundó.

En el 2011, Prabhuji fundó el Avadhutashram (monasterio), en Catskills Mountains, en el norte de Nueva York, EE. UU. El Avadhutashram es su ermita, la residencia de los discípulos monásticos de la Orden Ramakrishnananda y la sede central de la Misión Prabhuji. Opera diferentes proyectos humanitarios inspirado en su experiencia de que «servir la parte es servir al Todo». El *āśram* organiza proyectos humanitarios como el «Programa Prabhuji de Distribución de Alimentos» y el «Programa Prabhuji de Distribución de Juguetes».

Según Prabhuji, la búsqueda del Ser es individual, solitaria, personal, privada e íntima. No se trata de un esfuerzo colectivo que deba emprenderse a través de la religiosidad organizada, institucional o comunitaria. En la actualidad, discrepa de la espiritualidad practicada de manera social, comunal o colectiva. Por lo tanto, no hace proselitismo ni predica, ni intenta persuadir, convencer o hacer que alguien cambie su perspectiva, filosofía o religión. Su mensaje no promueve la espiritualidad colectiva, sino la búsqueda interior individual.

Prabhuji ha delegado a sus discípulos la elección entre mantener sus enseñanzas exclusivamente dentro de la orden monástica o difundir su mensaje al ico. Ante la petición explícita de sus discípulos, ha accedido a que se publiquen sus libros y se difundan sus conferencias, siempre que ello no comprometa su privacidad y su vida eremítica.

En 2022, Prabhuji fundó el Instituto Retroprogresivo en el cual sus discípulos más antiguos pueden compartir sistemáticamente sus enseñanzas y mensaje a través de video conferencias. El instituto ofrece apoyo y ayuda para una comprensión más profunda de sus enseñanzas.

En 2025, estableció la Academia de Yoga Retroprogresivo, donde transmite su método de yoga a discípulos y estudiantes personalmente, sin apartarse de su vida eremítica. Ese mismo año, fundó la Academia de Karate Retroprogresivo, contexto en el que comparte su conocimiento en artes marciales un como camino hacia la expansión de la consciencia.

Prabhuji es un respetado miembro de la American Philosophical Association, la American Association of Philosophy Teachers, la American Association of University Professors, la Southwestern Philosophical Society, la Authors Guild, la National Writers Union, PEN America, la International Writers Association, la National Association of Independent Writers and Editors, la National Writers Association, la Alliance Independent Authors y la Independent Book Publishers Association.

La vasta contribución literaria de Prabhuji incluye libros en español, inglés y hebreo como por ejemplo *Kuṇḍalinī-yoga: el poder está en ti*, *Lo que es, tal como es*, *Bhakti yoga: el sendero del amor*, *Tantra: la liberación en el mundo*, *Experimentando con la Verdad*, *Advaita vedānta: ser el Ser*, *Yoga: unión con la realidad*, comentarios sobre el *Īśāvāsya Upaniṣad* y el *Sūtra del diamante*, *Soy el que soy*, *El giro simbólico*, *Ser*,

Cuestionando tus respuestas: la filosofía como pregunta, *Más allá de las respuestas: filosofía en la búsqueda eterna*, *Fenomenología de lo sagrado: fundamentos para una Fenomenología Retroprogresiva*, *Descubriendo el Último Dios* y *La espiritualidad mapuche*.

EL TÉRMINO *PRABHUJI*
POR SWAMI RAMANANDA

Hace varios años, los discípulos, devotos y seguidores de Su Santidad Avadhūta Bhaktivedānta Yogācārya Śrī Ramakrishnananda Bābājī Mahārāja, hemos decidido referirnos a él como Prabhuji. En el presente artículo, deseo clarificar el profundo significado de este término sánscrito. La palabra *prabhu* en sánscrito significa 'un maestro, señor o rey' y en las escrituras, se refiere a Dios o al gurú.

Al igual que muchas palabras en el idioma sánscrito, este término tiene varios componentes y la comprensión de su etimología nos ayudará a descubrir sus diversos significados. La palabra *prabhu* es una combinación de la raíz *bhu* que significa 'llegar a ser, existir, ser, vivir' y el prefijo *pra* que es 'adelante o hacia adelante'; combinados sería 'quien hace existir, quien da la vida, de quien emana la vida, quien sostiene o mantiene'.

El prefijo *pra* también puede significar 'mucho o supremacía', y luego cuando se une a la raíz *bhu* significaría 'ser el amo, gobernar'. El sufijo *jī* es un título honorífico en hindi y en otros idiomas de la India. Se agrega después de los nombres de los dioses y de las personalidades estimadas para mostrar respeto y reverencia.

A lo largo de las escrituras védicas, se llama Prabhu ('maestro de la creación') a la divinidad, en sus varios nombres y manifestaciones. Grandes *ṛṣis*, o 'videntes', y gurús también se llaman *prabhus* ya que son representantes de la divinidad. Por ejemplo, el sabio Nārada se refiere al *ṛṣi* Vyasadeva como *prabhu*:

जिज्ञासितमधीतं च ब्रह्म यत्तत्सनातनम् ।
तथापि शोचस्यात्मानमकृतार्थ इव प्रभो ॥

*jijñāsitam adhītaṁ ca
brahma yat tat sanātanam
tathāpi śocasy ātmānam
akṛtārtha iva prabho*

Has delineado plenamente el tema del Brahman impersonal, así como los conocimientos derivados del mismo. ¿Por qué deberías estar triste, a pesar de todo esto, pensando que no has concluido, mi querido maestro (*prabhu*)?

(*Bhāgavata Purāṇa*, 1.5.4)

Mahārāja Parīkṣit se dirige a Śukadeva como *prabhu* cuando se le acerca al sabio para pedirle guía espiritual, y así aceptarlo como su gurú.

यच्छ्रोतव्यमथो जप्यं यत्कर्तव्यं नृभिः प्रभो ।
स्मर्तव्यं भजनीयं वा ब्रूहि यद्वा विपर्ययम् ॥

> *yac chrotavyam atho japyaṁ*
> *yat kartavyaṁ nṛbhiḥ prabho*
> *smartavyaṁ bhajanīyaṁ vā*
> *brūhi yad vā viparyayam*

¡Oh, Prabhu, por favor dime qué debe un hombre escuchar, cantar, recordar y adorar, y también lo que no debe hacer! Por favor, explíqueme todo esto.

(*Bhāgavata Purāṇa*, 1.19.38)

El término *avadhūta*

Esta cita es del libro *Sannyāsa Darśana* de Swami Niranjanānanda Sarasvatī, un discípulo de Paramahaṁsa Swami Satyānanda.

Etapas del *sannyāsāvadhūta*

«El *avadhūta* representa el pináculo de la evolución espiritual; ningún otro es superior a él. *Avadhūta* significa 'aquel que es inmortal' (*akṣara*) y que ha cortado totalmente los vínculos mundanos. Él es verdaderamente Brahman mismo. Ha realizado que es la inteligencia pura y está despreocupado de las seis flaquezas del nacimiento humano, a saber: tristeza, falsa ilusión, vejez, muerte, hambre y sed. Él se ha liberado de toda esclavitud del mundo experimental y anda libremente como un niño, un loco o alguien poseído por espíritus.

Él puede ir con o sin ropa. No usa ningún emblema distintivo de alguna orden. No tiene deseos de dormir, de mendigar o de bañarse. Ve su cuerpo como un cadáver y subsiste con los alimentos que recibe de cualquier clase social. No interpreta los *śāstras* o los Vedas. Para él, nada es justo o injusto, santo o profano.

Él está libre de karma. Los karmas de esta vida y sus vidas pasadas se han quemado, y debido a la ausencia de *kartṛtva* (el hacedor) y *bhoktṛtva* (el deseo de disfrute), no se crean karmas futuros. Solo los *prārabdha-karmas* (inalterables) que ya han empezado a operar afectarán su cuerpo, contribuyendo a mantenerlo, pero su mente no se verá afectada. Él vivirá en este mundo hasta que los *prārabdha-karmas* se extingan y luego su cuerpo caerá. A continuación, logrará *videhamukti* (estado de consciencia del cuerpo).

Tal alma liberada nunca vuelve al estado encarnado. No nace nuevamente; él es inmortal. Él ha alcanzado el objetivo final del nacimiento en este mundo».

El *Bṛhad-avadhūta Upaniṣad* dice así: «El *avadhūta* se llama así porque es inmortal; es el más grande; ha desechado las ataduras mundanas; y está aludido en el significado de la frase "Tú eres Eso"».

Su Divina Gracia Śrīla Bhakti Ballabh Tīrtha Mahārāja en su artículo titulado «*Pariṣads*: Śrīla Vamśi das Bābājī» escribió: «Él fue un Vaiṣṇava Paramahaṁsa que actuó en la forma de un *avadhūta*. La palabra *avadhūta* se refiere a quien ha sacudido de sí mismo todo sentimiento y obligación mundanos. Él no se preocupa por las convenciones sociales, en particular el *varṇāśrama-dharma*, es decir, que es bastante excéntrico en su comportamiento. Nityānanda Prabhu se caracteriza a menudo como un avadhūta».

Del prólogo del *Avadhūta-gītā* de Dattātreya, traducido y comentado por Swami Ashokananda: «El *Avadhūta-gītā* es un texto del *vedānta advaita* que representa el *advaita* extremo o no-dualismo. Se le atribuye a Dattātreya, que es visto como una encarnación de Dios. Por desgracia, no poseemos datos históricos sobre cuándo o dónde nació, cuánto tiempo vivió, o cómo llegó a los conocimientos descritos en el texto.

Avadhūta significa un alma liberada, alguien que 'ha superado' o 'ha sacudido' todos los apegos y preocupaciones mundanas y ha alcanzado un estado espiritual equivalente a la existencia de Dios. Aunque *avadhūta* implica naturalmente la renuncia, incluye un estado adicional y más elevado aún que no es ni apego ni desapego, sino que está más allá de ambos. Un *avadhūta* no siente la necesidad de observar las normas, ya sean seculares o religiosas. Él no busca nada ni evita nada. Él no tiene ni conocimiento ni ignorancia. Después de haber experimentado que él es el Ser infinito, él vive en esta realización vívida».

Swami Vivekānanda, uno de los mayores advaitins de todos los tiempos, a menudo cita de este *Gītā*. Una vez dijo: «Hombres como el que escribió esta canción mantienen la religión viva. Ellos han experimentado. No les importa nada, no sienten nada que se le hace al cuerpo; no les importa el calor, el frío, el peligro, o cualquier otra cosa. Se sientan quietos, gozando de la dicha del Ātman, y aunque brasas quemen su cuerpo, ellos no las sienten».

El *Avadhūta Upaniṣad* es el número 79 del canon *Muktikā* de los *upaniṣads*. Es un *Sannyāsa Upaniṣad* asociado con el Yajurveda Negro (Kṛṣṇa): «Aquel que ha superado el sistema *varṇāśrama* y se ha establecido siempre en sí mismo, ese yogui, quien está por encima de las divisiones del *varṇāśrama*, se denomina *avadhūta*». (*Avadhūta Upaniṣad*, 2).

El libro de *Brahma-nirvāṇa Tantra* describe cómo identificar los *avadhūtas* de las siguientes clases:

Bramhāvadhūta: Un *avadhūta* de nacimiento, que aparece en cualquier casta de la sociedad y es totalmente indiferente al mundo o las cosas del mundo.

Śaivāvadhūta: *Avadhūtas* que han tomado a la orden de vida renunciante o *sannyāsa*, a menudo con el pelo largo enmarañado (*jaṭa*), o que se visten a la manera de shaivitas y pasan casi todo su tiempo en trance *samādhi*, o meditación.

Virāvadhūta: Esta persona se parece a un *sadhū* que se ha puesto pasta de sándalo de color rojo en su cuerpo y se viste con ropa color azafrán. Su pelo es largo y vuelan con el viento. Llevan en su cuello una *rudrākṣa-mālā* o una cadena de huesos. Ellos tienen en la mano un palo de madera o *daṇḍa* y, además siempre tienen un hacha (*paraśu*) o un *ḍamaru* (tambor pequeño) con ellos.

Kulāvadhūta: Estas personas se supone que han tomado iniciación de la Kaul *Saṁpradāya*. Es muy difícil de reconocer a estas personas ya que no llevan ningún signo exterior que pueda identificarlos. La especialidad de estas personas es que se queden y viven como la gente normal. Pueden manifestarse en forma de reyes o de hombres de familia.

El *Nātha Saṁpradāya* es una forma de *Avadhūta-pantha* (secta). En este *Saṁpradāya*, el gurú y el yoga son de extrema importancia. Por lo tanto, el libro más importante en este *Saṁpradāya* es *Avadhūta-gītā*. Śrī Gorakṣanāth se considera la forma más elevada del estado de *avadhūta*.

La naturaleza del *avadhūta* es el tema del *Avadhūta-gītā*, atribuido tradicionalmente a Dattātreya.

Según Bipin Joshi, las principales características de un *avadhūta* son: «Aquel que es un filósofo inmaculado y se ha desprendido de los grilletes de la ignorancia (*ajñāna*). El que vive en el estado sin estado y disfruta de su experiencia todo el tiempo. Se deleita en este estado dichoso, imperturbado por el mundo material. En este estado único, el *avadhūta* no está ni despierto ni en sueño profundo, no hay ningún signo de vida ni de muerte. Es un estado que desafía toda descripción. Es el estado de la dicha infinita, que el lenguaje finito es incapaz de describir. Solo puede ser intuido por nuestro intelecto. Un estado que no es ni verdad ni no verdad, ni existencia ni no existencia. Aquel que ha realizado su identidad con lo imperecedero, que posee una excelencia incomparable; que se ha sacudido las ataduras del *saṁsāra* y nunca se desvía de su meta. Eso eres tú (*tat tvam asi*), y otras declaraciones upanishádicas, están siempre presentes en la mente de tal alma iluminada. Ese sabio que está arraigado en la experiencia plenaria de «Verdaderamente, yo soy Brahman (*ahaṁ Brahmāsmi*)», «Todo esto es Brahman (*sarvaṁ khalvidaṁ brahma*)», y que «...no hay pluralidad,

Yo y Dios somos uno y lo mismo...», y demás. Apoyado en la experiencia personal de tales afirmaciones védicas, se mueve libremente en un estado de dicha total. Tal persona es un renunciante, un liberado, un *avadhūta*, un yogui, un *paramahamsa*, un *brāhmaṇa*».

De Wikipedia, la enciclopedia libre

Avadhūta es un término sánscrito usado en las religiones de la India para referirse a místicos o santos antinómicos, que están más allá de la consciencia egoica de la dualidad y las preocupaciones mundanas diarias y se comportan sin tener en cuenta el estándar de la etiqueta social. Tales personalidades «vagan libremente como niños sobre la faz de la Tierra». Un *avadhūta* no se identifica con su mente, cuerpo o 'los nombres y las formas' (en sánscrito: *nāma-rūpa*). Esta persona se considera de consciencia pura (en sánscrito: *caitanya*) en la forma humana.

Los *avadhūtas* desempeñan un papel importante en la historia, los orígenes y el rejuvenecimiento de una serie de tradiciones como los *paramparās* del yoga, *vedānta advaita*, budismo y bhakti incluso estando liberados de las observancias estándar. Los *avadhūtas* son la voz del *avadhūti*, el canal que resuelve la dicotomía del *Vāmācāra* y *Dakṣiṇācāra* o 'tradiciones de la mano izquierda y derecha'. Un *avadhūta* puede continuar practicando ritos religiosos o abandonarlos, ya que está exento de la observancia ritual y afiliación sectarias.

El diccionario sánscrito Monier Williams define el término *avadhūta* de la siguiente manera: «अवधूत / अव-धूत – aquel que se ha sacudido de los sentimientos y obligaciones mundanas».

De *El hinduismo, una guía alfabética* por Roshen Dalal

Avadhūta: Un término que denota un alma liberada, quien ha renunciado al mundo. Totalmente ajeno a todo lo que es, un *avadhūta* no sigue ninguna regla ni prácticas fijas y no tiene necesidad de seguir las normas convencionales. Hay varios textos que tratan acerca de la vida y la naturaleza de un *avadhūta*. En el *Avadhūta Upaniṣad*, el Ṛṣi Dattātreya describe la naturaleza del *avadhūta*: tal persona es inmortal, ha descartado todos los lazos terrenales, y está siempre colmada de dicha. Uno de sus versos declara: «Deja que el pensamiento contemple a Viṣṇu, o deja que se disuelva en la dicha de Brahma. Yo, el testigo, no hago nada ni soy la causa de nada». (V.28)

El *Turīyātīta Avadhūta Upaniṣad* incluye una descripción del *avadhūta* que ha alcanzado el estado de consciencia más allá del *turīya*. En este estado, la persona es pura, desapegada y totalmente libre. Un *avadhūta* que ha alcanzado este nivel, no repite mantras ni practica rituales, no lleva las marcas de la casta, y cesa todos los deberes religiosos y seculares. No se viste, y come cualquier cosa que encuentra. Él vaga solo, observando el silencio, y está totalmente absorto en la nodualidad. El *Avadhūta-gītā* relata descripciones similares. El *Uddhava-gītā*, que forma parte del *Bhāgavata Purāṇa*, describe un *avadhūta* como aquel que aprendió todos los aspectos de la vida y para quien cualquier lugar en el mundo es su casa. El término *avadhūta* puede aplicarse a cualquier persona liberada, pero también se refiere específicamente a una secta *sannyāsa*.

Avadhūta Upaniṣad: *Avadhūta Upaniṣad* es un upaniṣad pequeño que se compone de alrededor de 32 mantras. Pertenece a la categoría de los Sannyāsa Upaniṣads y es parte del Kṛṣṇa Yajur Veda. El Avadhūta Upaniṣad consiste en un diálogo entre Dattātreya y Ṛṣi Saṁkṛti.

Un día Ṛṣi Saṁkṛti le hace a Dattātreya las siguientes preguntas: «¿Quién es un *avadhūta*?; ¿Cuál es su estado?; ¿Cuáles son los signos del *avadhūta*?; ¿Cómo vive?». A continuación, las respuestas otorgadas por el compasivo Dattātreya:

¿Quién es un *avadhūta*?

Se lo denomina *avadhūta* porque ha superado toda decadencia; vive libremente según su voluntad, destruye la esclavitud de los deseos mundanos y su único objetivo es Ese eres tú (*tat tvam asi*).

El *avadhūta* va más allá de todas las castas (por ejemplo, *brāhmaṇa*, *vaiśya*, *kṣatrya* y *śūdra*) y *Āśramas* (como *brāmhacaryā*, *gṛhastha*, *vānaprastha* y *sannyāsa*). Él es el yogui más elevado que está establecido en el estado constante de autorrealización.

¿Cuál es su estado?

Un *avadhūta* siempre disfruta de la felicidad suprema. La dicha divina representa su cabeza; la felicidad, su ala derecha; el éxtasis, su ala izquierda; y la dicha es su naturaleza misma. La vida de un *avadhūta* se caracteriza por un extremo desapego.

¿Cuáles son los signos del *avadhūta*? ¿Cómo vive?

Un *avadhūta* vive según su propia voluntad. Puede llevar ropa o ir desnudo. No hay ninguna diferencia entre el dharma y el *adharma*, el sacrificio o la falta de sacrificio, porque él está más allá de estos aspectos. Lleva a cabo el sacrificio interior que forma su *aśvamedha-yajña*. Él es un gran yogui que no se ve afectado incluso cuando se ocupa de objetos mundanos y permanece en la pureza.

El océano recibe agua de todos los ríos, pero aun así no se ve afectado. Del mismo modo, un *avadhūta* no se ve afectado por los objetos mundanos. Él siempre está en paz y (como el océano) todos los deseos son absorbidos en esa paz suprema.

Para un *avadhūta*, no hay nacimiento ni muerte, esclavitud o liberación. Puede haber realizado distintas acciones para alcanzar la liberación, pero estas quedan en el pasado una vez que se hace *avadhūta*. Él está siempre satisfecho. La gente deambula con la intención de cumplir sus deseos, sin embargo, un *avadhūta* estando ya satisfecho, no corre tras ningún deseo. Otros realizan varios rituales por el bien del cielo, pero un *avadhūta* ya está establecido en el estado omnipresente y, por lo tanto, no necesita rituales.

Maestros cualificados invierten tiempo en enseñar las escrituras (los Vedas), pero un *avadhūta* va más allá de cualquiera de estas actividades porque él permanece sin acción. Él no tiene ningún deseo de dormir, de mendigar (*bhikṣa*), de bañarse o limpiarse.

Un *avadhūta* está siempre libre de dudas ya que vive en constante unión con la suprema realidad, por lo que ni siquiera necesita meditar. La meditación es para aquellos que aún no se han unido con Dios, pero un *avadhūta* está siempre en el estado de unión y, por lo tanto, no necesita la meditación.

Los que están detrás de los *karmas* (acciones) se llenan de *vāsanās*. Estas *vāsanās* los persiguen incluso cuando han acabado su *prārabdha-karma*. Los hombres ordinarios meditan porque desean cumplir con sus deseos. Sin embargo, un *avadhūta* siempre permanece a salvo de tal trampa. Su mente está más allá de destrucciones mentales y el *samādhi*, que ambos son posibles modificaciones mentales. El *avadhūta* ya es eterno y, por lo tanto, no queda nada que deba alcanzar.

Seguir las ocupaciones mundanas, es como disparar una flecha de un arco, es decir, que no puede parar de dar frutos buenos o malos que causan un ciclo de acción-reacción. Sin embargo, un *avadhūta* no es un hacedor a ningún nivel y no participa en ninguna acción.

Habiendo alcanzado una etapa de desapego, un *avadhūta* no se ve afectado, incluso si sigue una forma de vida según lo prescrito por las escrituras. Aun si se involucra en acciones tales como la adoración a Dios, el baño, la mendicidad, etc. permanece desapegado a ellos. Vive como un testigo y, por lo tanto, no realiza ninguna acción.

Un *avadhūta* puede ver claramente a Brahman delante de sus ojos. Está libre de la ignorancia o *māyā*. No le quedan acciones por ejecutar ni nada más que alcanzar. Él está totalmente satisfecho y no se lo puede comparar a nadie más.

नलिनी नालिनी नासे गन्ध: सौरभ उच्यते ।
घ्राणोऽवधूतो मुख्यास्यं विपणो वाग्रसविद्रस: ॥

*nalinī nālinī nāse
gandhaḥ saurabha ucyate
ghrāṇo 'vadhūto mukhyāsyaṁ
vipaṇo vāg rasavid rasaḥ*

Debes saber que las puertas llamadas Nalinī y Nālinī son las fosas nasales, y la ciudad de Saurabha representa al aroma. El acompañante llamado *avadhūta* es el sentido del olfato. La puerta que recibe el nombre de Mukhyā es la boca, y Vipaṇa es la facultad del habla. Rasajña es el sentido del gusto.

(*Bhāgavata Purāṇa*, 4.29.11)

Significado de S.D.G. A.C. Bhaktivedanta Swami Prabhupada:

La palabra *avadhūta* significa «sumamente libre». La persona que ha alcanzado el estado de *avadhūta* ya no tiene que seguir ninguna regla, regulación o mandamiento. Ese estado de *avadhūta* es exactamente como el aire, que no tiene en cuenta ningún obstáculo. En el *Bhagavad-gītā* (6.34), se dice:

चञ्चलं हि मनः कृष्ण प्रमाथि बलवद्दृढम् ।
तस्याहं निग्रहं मन्ये वायोरिव सुदुष्करम् ॥

> *cañcalaṁ hi manaḥ kṛṣṇa*
> *pramāthi balavad dṛḍham*
> *tasyāhaṁ nigrahaṁ manye*
> *vāyor iva suduṣkaram*

La mente es inquieta, turbulenta, obstinada y muy fuerte, ¡Oh, Kṛṣṇa!, y pienso que someterla es más difícil que dominar el viento.

(*Bhagavad-gītā*, 6.34)

De la misma manera que nadie puede detener el aire o el viento, las dos fosas nasales, que están situadas en un mismo lugar, disfrutan del sentido del olfato sin impedimento alguno. Con la lengua, la boca saborea continuamente todo tipo de alimentos deliciosos.

अक्षरत्वाद्वरेण्यत्वाद्धूतसंसारबन्धनात् ।
तत्त्वमस्यर्थसिद्धत्वात् अवधूतोऽभिधीयते ॥

*akṣaratvād vareṇyatvād
dhūta-saṁsāra-bandhanāt
tat tvam asy-artha siddhatvāt
avadhūto 'bhidhīyate*

Dado que es inmutable (*akṣara*), el más excelente (*vareṇya*), puesto que él ha eliminado todos los apegos mundanos (*dhūta-saṁsāra-bandanāt*) y ha realizado el significado de *tat tvam asi* (Eso eres tú), se le llama *avadhūta*.

(*Kulārṇava Tantra*, 17.24)

De la Yogapedia: ¿Qué significa *avadhūta*?

Avadhūta es un término sánscrito utilizado para referirse a una persona que ha alcanzado una etapa en su desarrollo espiritual en la que está más allá de las preocupaciones mundanas. Las personas que han alcanzado la etapa de *avadhūta* pueden actuar sin tener en cuenta la etiqueta social común o su propio ego. Este término se utiliza a menudo en los casos de místicos o santos.

Los practicantes avanzados de yoga pueden encontrar inspiración en la idea de alcanzar este estadio mediante una meditación y una práctica de *āsanas* más sostenidas.

Avadhūta se asocia a menudo con algún tipo de comportamiento excéntrico y espontáneo de una persona santa. Esto se debe en parte al hecho de que los místicos que han alcanzado este nivel de iluminación espiritual pueden renunciar a llevar ropa o a cualquier otro comportamiento social normal.

Sobre la Misión Prabhuji

La Misión Prabhuji es una organización religiosa, espiritual y benéfica hindú fundada por S.S. Avadhūta Bhaktivedānta Yogācārya Śrī Ramakrishnananda Bābājī Mahārāja. Su propósito es preservar el «Sendero Retroprogresivo», que refleja la visión de Prabhuji del *sanātana-dharma* y aboga por el despertar global de la consciencia como solución radical a los problemas de la humanidad.

Además de impartir enseñanzas religiosas y espirituales, la organización lleva a cabo una amplia labor benéfica en EE.UU., basada en los principios del karma-yoga, el trabajo desinteresado realizado con dedicación a Dios.

La Misión Prabhuji se estableció en el 2003 en EE. UU. como una iglesia hindú destinada a preservar la visión universal y pluralista del hinduismo de su fundador. La Misión Prabhuji opera un templo hindú llamado Śrī Śrī Bhagavān Yeshua Jagat Jananī Miriam Premānanda Mandir., el cual ofrece adoración y ceremonias religiosas a los feligreses. La extensa biblioteca del Instituto Retroprogresivo proporciona a sus profesores abundante material de estudio para investigar las diversas teologías y filosofías exploradas por Prabhuji en sus libros y conferencias.

El monasterio Avadhutashram educa a los discípulos monásticos en varios aspectos del enfoque de Prabhuji sobre el hinduismo y les ofrece la oportunidad de expresar su devoción a Dios a través del servicio devocional contribuyendo desinteresadamente con sus habilidades y formación a los programas de la Misión.

La Misión publica y distribuye los libros y conferencias de Prabhuji y lleva a cabo proyectos humanitarios como el «Programa Prabhuji de Distribución de Alimentos», un evento semanal en el que docenas de familias necesitadas del norte de Nueva York reciben alimentos frescos y nutritivos, y el «Programa Prabhuji de Distribución de Juguetes», que proporciona a los niños menos privilegiados abundantes regalos en Navidad.

Avadhutashram
Round Top, Nueva York, EE. UU.

Sobre el Avadhutashram

En el yoga tradicional, un *āśrama* es una ermita donde vive un maestro espiritual con sus discípulos. Desde los primeros tiempos de la civilización, los *āśramas* han existido en Oriente como centros de estudio y práctica espiritual bajo la guía de un maestro. La epopeya *Mahābhārata* describe a Śrī Kṛṣṇa, durante su juventud, viviendo en el *āśrama* de su maestro Sāndīpani Muni, quien le impartió enseñanzas y guía. El Rāmāyaṇa nos dice que el Señor Rāma y sus hermanos estudiaron del sabio Vaśiṣṭha en su *āśrama*, y Sītā vivió la última parte de su vida en reclusión en el *āśrama* del sabio Vālmīki.

El Avadhutashram (monasterio) fue fundado por Prabhuji en el año 2011. Es la sede central de la Misión Prabhuji y la ermita de S.S. Avadhūta Bhaktivedānta Yogācārya Śrī Ramakrishnananda Bābājī Mahārāja y sus discípulos monásticos de la Orden Monástica Contemplativa Ramakrishnananda.

Los ideales del Avadhutashram son el amor y el servicio desinteresado, basados en la visión universal de que Dios está en todo y en todos. Su misión es distribuir libros espirituales y organizar proyectos humanitarios como el «Programa Prabhuji de Distribución de Alimentos» y el «Programa Prabhuji de Distribución de Juguetes».

El Avadhutashram no es comercial y funciona sin solicitar donaciones. Sus actividades están financiadas por Prabhuji's Gifts, una empresa sin ánimo de lucro fundada por Prabhuji, que vende productos esotéricos de diferentes tradiciones que él mismo ha utilizado en prácticas espirituales durante su proceso evolutivo con el propósito de preservar y difundir la artesanía tradicional religiosa, mística y ancestral.

El Sendero Retroprogresivo

El Sendero Retroprogresivo no requiere que formes parte de un grupo o seas miembro de una organización, institución, sociedad, congregación, club o comunidad exclusiva. Vivir en un templo, monasterio o *āśram* no es un requisito, porque no se trata de un cambio de residencia sino de consciencia. No te insta a creer, sino a dudar. No requiere que aceptes algo, sino que explores, investigues, examines, indagues y cuestiones todo. No propone ser como deberías ser, sino como eres realmente.

El Sendero Retroprogresivo apoya la libertad de expresión, pero no el proselitismo. Esta ruta no promete respuestas a nuestras preguntas, pero nos induce a cuestionar nuestras respuestas. No nos promete ser lo que no somos ni lograr lo que no hemos alcanzado ya. Es un sendero retroevolutivo de autodescubrimiento que conduce desde lo que creemos ser a lo que somos en verdad. No es el único camino, ni el mejor, ni el más sencillo, ni el más directo, sino que es un proceso involutivo por excelencia que señala lo que es obvio e innegable pero que generalmente pasa desapercibido: lo sencillo, inocente y natural. Es un camino que comienza y termina en ti.

El Sendero Retroprogresivo es una revelación continua que se amplía eternamente. Profundiza en la consciencia desde una perspectiva ontológica, transcendiendo toda religión y sendero espiritual. Es el descubrimiento de la diversidad como realidad única e inclusiva. Se trata del encuentro de la consciencia consigo misma, consciente de sí misma y de su propia realidad. En realidad, este sendero es una simple invitación a danzar en el ahora, a amar el momento presente y a celebrar nuestra autenticidad. Es una propuesta incondicional a dejar de vivir como víctimas de las circunstancias para hacerlo como apasionados aventureros. Es una llamada a volver al lugar que nunca hemos abandonado, sin ofrecernos nada que no poseamos, ni enseñarnos nada que no sepamos ya. Es un llamado a una revolución interna y a entrar en el fuego de la vida que solo consume sueños, ilusiones y fantasías, pero no toca lo que somos. No nos ayuda a alcanzar nuestro objetivo deseado, sino que nos prepara para el milagro inesperado.

Esta vía fue nutrida durante una vida dedicada a buscar la Verdad. Consiste en una agradecida ofrenda a la existencia por lo recibido. Pero recuerda, no me busques a mí, sino que búscate a ti. No es a mí a quien necesitas, porque eres tú lo único que realmente importa. Esta vida es solo un maravilloso paréntesis en la eternidad para conocer y amar. Lo que anhelas yace en ti, aquí y ahora, como lo que realmente eres.

Tu bienqueriente incondicional,
Prabhuji

Prabhuji hoy

Prabhuji está retirado de la vida pública

Prabhuji es el único discípulo de S.D.G. Avadhūta Śrī Brahmānanda Bābājī Mahārāja, quien es a su vez uno de los más cercanos e íntimos discípulos de S.D.G. Avadhūta Śrī Mastarāma Bābājī Mahārāja.

Guru Mahārāja guio a Prabhuji hasta otorgarle oficialmente los sacramentos de la sagrada orden de *avadhūtas*. Prabhuji fue designado como sucesor del linaje por su maestro, quien le confirió la responsabilidad de continuar la línea de sucesión discipular de *avadhūtas*, o el sagrado *paramparā*, designándolo oficialmente como gurú y ordenándole servir como sucesor Ācārya con el nombre S.S. Avadhūta Bhaktivedānta Yogācārya Śrī Ramakrishnananda Bābājī Mahārāja.

Prabhuji es también discípulo de S.D.G. Bhakti-kavi Atulānanda Ācārya Mahārāja, quien es discípulo directo de S.D.G. A.C. Bhaktivedānta Swami Prabhupāda.

En el año 2011, con las bendiciones de su Gurudeva, adoptó el sendero del *bhajanānandī* recluido y se retiró de la sociedad a una vida eremítica contemplativa. Desde entonces, vive como un eremita religioso hindú mesiánico-mariano independiente. Sus días transcurren en soledad, orando, escribiendo, pintando y meditando en silencio y contemplación. Ya no participa en *sat-saṅgs*, conferencias, encuentros, reuniones, retiros, seminarios, grupos de estudio o cursos. Les rogamos a todos respetar su privacidad y no tratar de contactarse con él por ningún medio para pedir encuentros, audiencias, entrevistas, bendiciones, *śaktipāta*, iniciaciones o visitas personales.

Las enseñanzas de Prabhuji

Como *avadhūta* y Maestro realizado, Prabhuji siempre ha apreciado la esencia y la sabiduría de una gran variedad de prácticas religiosas del mundo. Aunque muchos lo ven como un ser iluminado, Prabhuji no tiene la intención de presentarse como una personalidad pública, predicador, difusor de creencias, promotor de filosofías, guía, *coach*, creador de contenido, persona influyente, preceptor, mentor, consejero, asesor, monitor, tutor, orientador, profesor, instructor, educador, iluminador, pedagogo, evangelista, rabino, *posék halajá*, sanador, terapeuta, satsanguista, apuntador, psíquico, líder, médium, salvador, gurú de la Nueva Era o autoridad de ninguna clase, ya sea espiritual o material. Según Prabhuji, la búsqueda del Ser es individual, solitaria, personal, privada e íntima. No se trata de un esfuerzo colectivo que deba emprenderse a través de la religiosidad organizada, institucional o comunitaria. Desde el año 2011, Prabhuji ha discrepado de la espiritualidad practicada de manera social, comunal o colectiva. Por lo tanto, no hace proselitismo ni predica, ni intenta persuadir, convencer o hacer que alguien cambie su perspectiva, filosofía o religión. Muchos pueden considerar sus reflexiones valiosas y aplicarlas de manera parcial o total a su propio desarrollo, pero las enseñanzas de Prabhuji no deben interpretarse como un consejo personal, dirección, asesoramiento, instrucción, guía, tutoría, métodos de autoayuda o técnicas para el desarrollo espiritual, físico, emocional o psicológico. Las enseñanzas propuestas no aspiran a ser soluciones definitivas a problemas espirituales, materiales, económicos, psicológicos, emocionales, románticos, familiares, sociales o corporales de la vida. Prabhuji no promete milagros, experiencias místicas, viajes astrales, sanaciones de ningún tipo, conectarse con espíritus, ángeles o extraterrestres, viajes astrales a otros planetas, poderes sobrenaturales o salvación espiritual.

Aunque el énfasis de Prabhuji no ha sido atraer seguidores, durante 15 años (1995-2010), consideró las solicitudes de algunas personas que se acercaron a él pidiendo ser discípulos monásticos. Aquellos que eligieron ver a Prabhuji como su maestro espiritual aceptaron voluntariamente votos de pobreza y dedican sus vidas a la práctica espiritual (*sādhanā*), la devoción religiosa (*bhakti*) y el servicio desinteresado (*seva*). Prabhuji ya no acepta nuevos discípulos, pero continúa guiando al pequeño grupo de discípulos veteranos de la Orden Monástica contemplativa que fundó llamada Ramakrishnananda.

El servicio y la glorificación del gurú son principios espirituales fundamentales en el hinduismo. La Misión Prabhuji, siendo una iglesia hindú tradicional, practica la milenaria tradición de *guru-bhakti* de reverencia al maestro.

Algunos discípulos y amigos de la Misión Prabhuji, por iniciativa propia, contribuyen a preservar el legado de Prabhuji y sus enseñanzas interreligiosas para las generaciones futuras mediante la difusión de sus libros, videos de sus charlas internas y sitios web.

La vía sacra

En la sagrada travesía hacia la trascendencia, Prabhuji consolidó hace ya un tiempo su resolución de no disturbar a quienes no mostrasen interés en compartir su senda. Este acto no es meramente un desprendimiento, sino una elección deliberada para preservar la esencia de la ruta migratoria: un compromiso hacia la autenticidad y la profundización en la autoinvestigación. Tal decisión, lejos de ser un abandono, es un respetuoso reconocimiento de la autonomía individual hacia la divergencia de destinos y aspiraciones. En esta jornada, la selección de compañeros de ruta no es un mero capricho, sino un ejercicio de discernimiento crítico y de alineación con aquellos cuyas miras se entrelazan con las suyas en la búsqueda de nuestro hogar en el interior de la casa.

Servicios públicos

A pesar de que el monasterio no acepta nuevos residentes, voluntarios, donaciones, colaboraciones o patrocinios, el público está invitado a participar en los servicios religiosos diarios y los festivales devocionales del templo Śrī Śrī Bhagavān Yeshua Jagat Jananī Miriam Premānanda Mandir.

Libros por Prabhuji

Lo que es, tal como es: *Sat-saṅgas* con Prabhuji (Spanish)
ISBN-13: 978-1-945894-27-5

What is, as it is: Satsangs with Prabhuji (English)
ISBN-13: 978-1-945894-26-8
Russian: ISBN-13: 978-1-945894-18-3
Hebrew: ISBN-13: 978-1-945894-24-4

Kuṇḍalinī-yoga: El poder está en ti (Spanish)
ISBN-13: 978-1-945894-31-2

Kundalini Yoga: The Power is in you (English)
ISBN-13: 978-1-945894-30-5

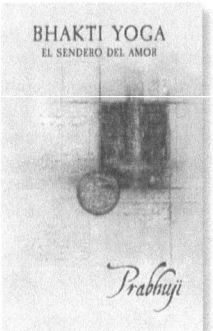

Bhakti-yoga: El sendero del amor (Spanish)
ISBN-13: 978-1-945894-29-9

Bhakti Yoga: The Path of Love (English)
ISBN-13: 978-1-945894-28-2

Experimentando con la Verdad (Spanish)
ISBN-13: 978-1-945894-33-6

Experimenting with the Truth (English)
ISBN-13: 978-1-945894-32-9

Hebrew
ISBN-13: 978-1-945894-93-0

Tantra: La liberación en el mundo (Spanish)
ISBN-13: 978-1-945894-37-4

Tantra: Liberation in the World (English)
ISBN-13: 978-1-945894-36-7

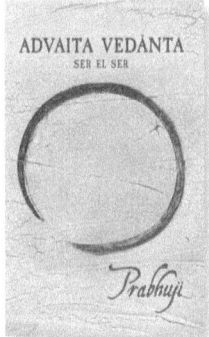

Advaita Vedānta: **Ser el Ser (Spanish)**
ISBN-13: 978-1-945894-35-0

Advaita Vedanta: Being the Self (English)
ISBN-13: 978-1-945894-34-3

Más allá de las respuestas:
La filosofía en la búsqueda
eterna (Spanish)
ISBN-13: 978-1-945894-88-6

Beyond Answers: Philosophy in
the Eternal Search (English)
ISBN-13: 978-1-945894-91-6

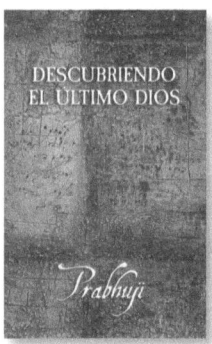

Descubriendo el Último Dios
(Spanish)
ISBN-13: 978-1-945894-89-3

Discovering the Last God
(English)
ISBN-13: 978-1-945894-71-8

Cuestionando tus respuestas:
La filosofía como pregunta
(Spanish)
ISBN-13: 978-1-945894-77-0

Questioning your Answers:
Philosophy as a Question
(English)
ISBN-13: 978-1-945894-80-0

Īśāvāsya Upaniṣad
comentado por Prabhuji
(**Spanish**)
ISBN-13: 978-1-945894-40-4

Īśāvāsya Upanishad
commented by Prabhuji
(**English**)
ISBN-13: 978-1-945894-38-1

El Sūtra del Diamante
comentado por Prabhuji
(**Spanish**)
ISBN-13: 978-1-945894-54-1

The Diamond Sūtra
commented by Prabhuji
(**English**)
ISBN-13: 978-1-945894-51-0

Soy el que soy
(**Spanish**)
ISBN-13: 978-1-945894-48-0

I am that I am
(**English**)
ISBN-13: 978-1-945894-78-7

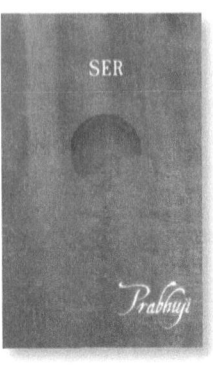

Ser (Spanish)
Vol I: 978-1-945894-70-1
Vol II: 978-1-945894-94-7
Vol III: 978-1-945894-56-5

Being (English)
Vol I: 978-1-945894-73-2
Vol II: 978-1-945894-74-9
Vol III: 978-1-945894-55-8

El giro simbólico (Spanish)
ISBN-13: 978-1-945894-59-6

The Symbolic Turn (English)
ISBN-13: 978-1-945894-62-6

La fenomenología de lo sagrado: Fundamentos para una Fenomenología Retroprogresiva (Spanish)
ISBN-13: 978-1-945894-65-7
Phenomenology of the Sacred: Foundations for a Retroprogressive Phenomenology (English)
ISBN-13: 978-1-945894-68-8

La espiritualidad mapuche (Spanish)
ISBN-13: 978-1-945894-86-2

Mapuche spirituality (English)
ISBN-13: 978-1-945894-52-7

www.ingramcontent.com/pod-product-compliance
Lightning Source LLC
Chambersburg PA
CBHW020112240426
43673CB00001B/4